Viele humorische Lachfalten
beim Lesen

   wünschen Gismo
   und Frauchen

22.06.2000 Bea Jünger

Das Werk einschließlich aller seiner Teile ist urheberrechtlich geschützt. Jede Verwertung außerhalb der Grenzen des Urheberrechts ohne Zustimmung des Verlages ist unzulässig.
© by Verlag Neue Literatur

Gesamtherstellung: Satzart Plauen
Printed in Germany

ISBN 3-934141-07-2

Bea Müller

Ein Freund mit Stammbaum

Die Tagebuchgeheimnisse
meines Hundes

Verlag Neue Literatur
Jena · Plauen · Quedlinburg
2000

Ich heiße Gismo, geb. Ikarus vom Hochhaus, und ich bin ein Chihuahua. Meine Farbe ist rotbraun, und ich habe eine weiße Brust. Diese trage ich ganz stolz. Meine Ohren sind wunderschön und meine Augen unwiderstehlich. Im zarten Welpenalter von zehn Wochen bekam ich mein neues Zuhause bei meinem lieben Menschenrudel. Das erste Lebensjahr brachte viel Aufregendes und Schönes. Zum Beispiel mußte ich die Stubenreinheit erlernen, an der Leine laufen üben, Beinchen heben, ohne dabei umzufallen, Milchzähne verlieren, Erfahrungen sammeln im Übergeben, ein bißchen »Sitz!« und ein bißchen »Warte!« usw.

Als ich ein Jahr alt war, meinte Frauchen: »Wir schreiben dein Tagebuch.« Also, Frauchen, los geht's, schreib auf...

Übrigens, wundert euch nicht, wenn es auch gleichzeitig das Tagebuch meines Frauchens geworden ist. Jedenfalls kommt sie sehr oft darin vor, ihre Ängste, Sorgen, Wünsche und Träume. Ich habe ihr immer sehr gut zugehört. Und über Euch steht auch alles drin, die ganze nackte Wahrheit ohne Tabus. Ich denke, mit meinem einzigartigen Humor kann ich das ruhigen Gewissens verantworten.

Ihr Menschen sollt lernen, das Leben nicht so verbissen zu betrachten. Deshalb schreibe ich.

Auf diesem Bild bin ich gerade 10 Wochen alt.

Ganz am Anfang konnte ich natürlich noch kein Tagebuch schreiben. Aber ich kann mich noch sehr genau daran erinnern, wie alles angefangen hat:

Sie holten mich an einem frühen Abend, zwei Tage vor Weihnachten. Die meisten meiner Geschwister wurden von irgendwelchen Leuten an diesem Tag mitgenommen.

Vierzehn Tage vorher hatte ich mein Rudel zum ersten Mal gesehen. Ich war der einzige Braune unter den vielen Schwarzen. Im Fanger spielen war ich der Beste von allen. Beinahe hätten sich meine Leute für einen schwarzen von uns entschieden, weil der ganz scharf auf Schnürsenkel war. Ein ziemlich abgegriffener Trick von dem, obwohl er das gar nicht mehr nötig hatte, denn er war ja schon längst vergeben. So kam das Glück zu mir.

An diesem bedeutungsvollen Abend wurde ich in eine bunte Einkaufskiste gesteckt. Darin befand sich eine warme Dekke. Auch ein kleines Handtuch, das nach meiner Hundefamilie roch, kam mit hinein. Sie brachten mich in eine andere große Kiste mit Rädern. Und dann begann die Fahrt in mein neues Zuhause. Die rollende Kiste brummte und schaukelte unheimlich. Die Lichtschatten von draußen sahen gespenstisch aus. Ängstlich quiekte ich nach meiner vertrauten Umgebung.

Neben mir saß jemand mit einer warmen Stimme. Ab und zu streichelte mich dieser jemand sanft mit seinen Händen über den Kopf. Das war schon mal nicht schlecht. Auch der Geruch dieser Hand gefiel mir. Aber mein Zittern konnte ich trotzdem nicht abstellen.

Dann brachten sie mich in ein großes Haus. Eine ältere Frau bedauerte mein kleines winziges Wesen. Ich glaube, sie zweifelte ernsthaft daran, daß sie mich jemals groß kriegen würden. Ich machte wohl einen zu hilflosen Eindruck auf sie.

Doch schon in den nächsten Minuten erschnüffelte ich alle Zimmer und Gegenstände sehr neugierig und ungehemmt. Irgendwie gab es das alles in meinem bisherigen Zuhause auch. Nur meine Geschwister fehlten. Ich suchte sie noch ein paar Tage lang unter der Couch. Mein Rudel befreite mich jedes Mal aufopferungsvoll aus der mißlichen Lage.

Trotzdem gewöhnte ich mich schnell ein. Die vielen lustigen Spiele entsprachen ganz meinem Gemüt. Nur die Nächte waren hart für mich. Zuerst trainierte mein neues Frauchen mit mir im Wohnzimmer. Ich sollte auf dem Fußboden schlafen. Doch von Nacht zu Nacht kämpfte ich mich ein paar Stunden mehr an Frauchens Seite. Das war's, was ich brauchte! Im Schlaf aneinander kuscheln oder wenigstens das gleiche Lager teilen, ist für einen Hund das höchste aller Gefühle.

Später übten wir weiter im Schlafzimmer. Ein paar Nächte hielt ich in meiner Kiste aus, aber als ich herausbekam, daß meine Stimme eine Wirkung hinterließ, die alle Hundeerziehungsmethoden mit einer ziemlich hohen Trefferquote zunichte machte, winselte ich immer herzzerreißender. Frauchen glaubte zwar, ich würde bald aufgeben, aber ich habe selbstverständlich gewonnen. Herrchen hatte nicht die starken Nerven für zwei bis drei Nächte »Ruhestörung aus der Kiste«. Meinem Herrchen sind die Nächte zum Glück sehr heilig. Ich liebe seine heiligen Nächte! Sie haben mir meinen Platz im Bett gesichert.

Schließlich hat mich das Rudel akzeptiert. Ihr Bett ist auch mein Bett. Neunzig Prozent aller Hundebesitzer erlauben das, hat Frauchen gesagt.. Selbst die Größe spielt oft keine Rolle. Die Menschen sind eben sehr einfühlsam und schwach. Aber das muß jeder für sich selbst entscheiden. Für einen Hund ist jedenfalls so ein Schlafplatz eine große Ehre. Seine Liebe zum Menschen wächst dadurch ins Grenzenlose.

Ab dieser Zeit war bei mir der Knoten endgültig geplatzt. Ich folge meinem Frauchen bis heute auf Schritt und Tritt. Natürlich hätte das auch ohne Schlafplatz im Bett geklappt, aber das vertraue ich nur meinem Tagebuch und euch an. Aber nicht verraten!

Meine Anhänglichkeit zu Frauchen ist etwas ganz Besonderes geworden. Meine Begrüßungen ihr gegenüber sind hingebungsvoll und wild, was Herrchen bei Frauchen längst verlernt hat und andersherum genauso. Tja, so habe ich sehr früh gelernt, was Frauen mögen! Inzwischen kann ich meine freudigen Begrüßungen auch mit »singenden Wohlklängen« unterstützen. Vor allem, wenn Frauchen so tut, als ob sie mich nicht sehen kann, und hilflos nach mir sucht. (Sie sollte sich doch lieber eine stärkere Brille besorgen!) In solchen Momenten, wenn sie mich einfach übersieht, möchte ich gern größer sein als ein Chihuahua, auch wenn alles nur ein Spaß ist. Ich finde das nämlich nicht sehr lustig.

In den ersten Wochen dachte mein Rudel angestrengt über einen passenden Namen für mich nach. Eigentlich hatte ich schon einen wohlklingenden Namen, nämlich »Ikarus vom Hochhaus«, aber mit dem konnten sie sich nicht so recht anfreunden. Beinah hätten sie mich Obelix, Pluto oder Mr. Bond genannt. Da jedoch meine Ähnlichkeit mit diesen Persönlichkeiten sehr zu wünschen übrig ließ, blieben mir diese Name glücklicherweise erspart.

Schließlich fanden, sie wonach sie die ganze Zeit suchten: Ich sollte »Gismo« heißen. Damit waren alle einverstanden. Angeblich hatte ich genau die hübschen großen Ohren und niedlichen Kulleraugen wie dieser berühmte Gremlin aus dem Film. Frauchen meinte, irgendwie paßte alles von ihm genau zu mir. Damals wußte ich noch nicht, wie sie das meinte. Erst als ich später den echten Gismo im Fernsehen sah, war ich auf meinen Namen mächtig stolz. Bisher klang er nur gut für mich. Aber jetzt wo ich über mein Vorbild Bescheid wußte, fühlte ich mich unter den Kleinsten als der Größte. Stark wie nie zuvor. Wie ein Gremlin. Für einen Chihuahua ist das von sehr großer Bedeutung.

Nach dem Ende der Weihnachtsfeiertage hatte ich mit dem Alleinsein keine Schwierigkeiten, denn ich habe ja eine Oma, die mich betreut und auf mich aufpaßt, und umgekehrt natürlich auch. Die Oma heißt Brunhilde. Frauchen sagt manchmal scherzhaft zu ihr »die wilde Brunhilde«. Aber das stimmt überhaupt nicht, denn Brunhilde ist das ganze Gegenteil.

Meistens kommt mein Frauchen mittags nach Hause. Es ist mir aber bis heute ein unlösbares Rätsel geblieben, wohin sie ohne mich so lange allein Gassi geht. Dieser Ort nennt sich Arbeit und außer diesem Namen weiß ich nicht viel mehr darüber. Sehr oft kommt Frauchen von dort mit schweren Taschen zurück. Sie sagt, das besorgt sie alles in der Mittagspause oder nach Feierabend.

Anfangs dauerte es eine Weile, bis ich lernte, wie ein richtiger »Mann« zu bullern. Bei uns Rüden ist das Beinchenheben am Anfang eine sehr wacklige Angelegenheit. Zunächst durfte ich noch eine Weile das Katzenklo benutzen, damit die Auslegeware nicht zu sehr unter meinen kleinen Welpenmalheuren leiden mußte. Bei Katzenklo fällt mir übrigens das wunderschöne Lied ein: »Katzenklo, Katzenklo – ja das macht den Gismo froh!« Ich kann wirklich sehr gut singen. Schade, daß man das in einem Tagebuch nicht unter Beweis stellen kann.

Problematisch wurde es erst dann, als ich endlich anfing, mein Bein zu heben. Denn nachts war ich noch eine Weile auf das Katzenklo angewiesen. Da ging einiges daneben... Frauchen löste das Problem »über den Rand bullern«, indem sie saugstarkes Küchenpapier auslegte. Genau wie in der Werbung, nur der Zweck ist dort anders dargestellt. Nach und nach konnten wir das Katzenklo dennoch abschaffen. Aber manchmal ärgerte ich Frauchen noch mit ein paar netten Rückfällen.

Zum Glück gewöhnte sie sich schnell daran, nach meinem Hofbullerchen und dem Treppensteigen gleich wieder einzuschlafen, denn ein Hund ist nicht immer nur die reinste Freude. Anstrengend sind wir auch ab und zu. Genau wie ihr Menschen. Trotzdem kam der Tag, an dem Frauchen versuchte, mir mein Katzenklo wieder schmackhaft zu machen. Ich wollte aber nicht und protestierte energisch: »Ich bin doch kein Babyhund mehr! Weg mit dem Ding!« Ich hatte inzwischen gelernt, mich durchzusetzen. Als kluger Hund sollte man von der ersten Sekunde an darauf achten, seinen

Menschen diese wichtigste Regel beizubringen. Denn sonst sind sie diejenigen, die den Ton über uns angeben, und man bleibt immer der Schwächere.

Das müssen wir Hunde uns nicht gefallen lassen. Die Menschen tun das untereinander auch nicht. Genau wie wir Hunde kämpfen sie um eine Rangordnung. Da können wir ruhig gleichberechtigt mitreden. Nur die Vorgehensweise bei den Menschen scheint mir viel komplizierter, undurchsichtiger und sogar unfairer. Wir können oft ein besserer Freund des Menschen sein, als der Mensch es von Mensch zu Mensch sein kann.

Nun, es dauerte eine Weile, bis wir den stubenreinen, völlig sicheren Gassirhythmus herausgefunden hatten. Unsere letzte Runde am Abend nennen wir »Laternenbullern«, und danach ist die Blase garantiert bis auf den letzten Tropfen leer.

Das An-der-Leine-Laufen lernte ich schnell und unkompliziert. Ich war zu sehr damit beschäftigt, meinem Frauchen zu folgen und sie ja nicht aus den Augen zu verlieren.

Beim Autofahren schließe ich ebenfalls kein Auge. Nicht eine Sekunde lang bin ich unaufmerksam, egal wie weit die Autoreise geht. Bei den heutigen Verkehrsverhältnissen ist es besser, immer mit aufzupassen. Vom Schoß des Beifahrers kann ich alles gut überblicken.

Gleich nach meinem ersten Weihnachtsfest lernte ich die Ferienkinder Frank und Christine kennen. Sie kommen oft auf Besuch zu ihrer Tante, meinem Frauchen. Als ich sie zum ersten Mal sah, waren sie elf und neun Jahre alt und genau so verspielt wie meine Hundegeschwister. Nur brauchten sie nicht so viel Schlaf wie ich. Frauchen verhalf mir aufmerksam zur wohlverdienten Ruhe, denn irgend etwas hatten die Kinder immer an mir herumzufummeln, selbst wenn sie nur still dasaßen. Trotzdem, die Ferienzeit ist eine sehr schöne Zeit, und ich liebe diese Kinder abgöttisch. Inzwischen kann ich längst mit der Kondition der Kinder mithalten. Und sie können auch eine Menge von mir lernen, zum Beispiel, wenn sie mein Sexualverhalten beobachten dürfen ...

Leider habe ich es in meinen frühen Jahren verpaßt, mit anderen Hunden zu spielen. Meine Geschwister hatte ich bald vergessen, und in meinem ersten strengen Winter, kurz nach Weihnachten, trafen wir dann so gut wie keine Hundeseele. Das war für meine Prägungsphase nicht sehr förderlich. Später kamen noch ein paar schreckliche Erfahrungen hinzu, als ich gerade anfing, in der Hundekommunikation Fortschritte zu machen. Und schließlich habe ich noch Brunhilde, die es oft zu gut mit mir meint. Wenn wir einem Vierbeiner begegnen, nimmt sie mich immer beschützend auf ihre Arme.

Was Katzen betrifft, habe ich meine ganz eigenen Ansichten. Katzen sind mir unheimlich, denn sie sehen aus wie Hunde ohne Leine. Frechheit! Sie genießen eine eigenartige Freiheit. Ich weiß nicht, ob ich sie beneiden oder verachten soll. Ich glaube, beides gehört irgendwie zusammen und macht keinen Unterschied. Wahrscheinlich halten sich Katzen für sehr überlegen.

Ach ja, mein erstes Bellen darf ich nicht unerwähnt lassen, denn für mein Rudel war das nämlich eine Riesensensation. Als ob ich vor ihren Augen den Versuch startete, sprechen zu lernen. Sie waren ganz entzückt von meiner Stimme. Heute ist mein Bellen leider nicht mehr so beliebt, dabei gilt es doch, ein großes Haus zu verteidigen!

So jedenfalls sahen meine allerersten Erfahrungen mit der Menschenwelt aus. Nun folgen meine genauen Aufzeichnungen. Dieses Leben ist für einen Hund viel zu schön und leider auch viel zu kurz, um es nicht für die Ewigkeit festzuhalten. Die Idee ist zwar nicht mehr ganz neu, aber jedes Tagebuch ist einzigartig. So wie ich!

Sonntag, den 19. Januar 1997

Eigentlich fetzt es an jedem Wochenende. So auch heute. Vor allem kann ich bis acht Uhr ausschlafen, denn in der Woche werde ich bereits um sechs Uhr von Frauchen zum Bullerchen geweckt.

Bevor Frauchen am Wochenende für das Menschenrudel kochen muß, spielt sie mit mir lustige Runden »Rosi Plüsch werfen«. Das sind kleine Hunde aus Stoff, die oft in Autofenstern lustig hin und her bammeln. Meine Rosis (ich habe vier Stück davon!) sind selbstverständlich ohne Plastiknase, denn diese würde ich zuerst abkauen. Aber so mache ich mich nur an den Bindfäden zu schaffen, bis die Nähte aufplatzen, und Brunhilde darf sie wieder fein säuberlich zusammenflicken. Danach sehen sie wie neu aus.

Wenn Frauchen mit ihrer Küchenarbeit loslegt, gönne ich mir nur ein kurzes Päuschen, denn ich könnte etwas verpassen. Beim Mittagsabwasch lege ich mich am liebsten wachsam mitten in die Küche. Besonders am Wochenende, denn anschließend findet immer eine große Wanderung statt. Wenn es endlich soweit ist, setze ich meine Sprechversuche ein und quieke bereits vor der Haustür in den allerschönsten Tönen. Im Auto steigert sich das ganze zu einem talentierten Solo, wenn ich erahne, daß wir bald aussteigen werden.

Heute haben wir zum zweiten Mal Goliath getroffen. Er ist mir etwas ungeheuer, weil er genauso aussieht wie ich. Goliath ist sozusagen mein Spiegelbild. Wir stammen vom gleichen Züchter ab, und Goliath ist nur ein Jahr älter als ich. Später trafen wir noch andere Hunde. Die waren riesengroß und brachten Frauchen ins Schwitzen. Sie zitterte auch ein bißchen. Aber davon sollte ich nichts merken. So gab ich mir große Mühe, mein Zittern ebenfalls geschickt vor ihr zu verbergen. Fast zwei Stunden waren wir unterwegs, und jeder spielte den Helden für den anderen.

Zu Hause mußte ich mich leider in der großen Menschenbadewanne am Bauch abduschen lassen, ansonsten reicht in der Regel immer das Waschbecken für mich aus. Nach dieser unangenehmen nassen Prozedur bekam ich meine natürliche Wildheit zurück, und das sah sehr lustig aus. Ich fegte nämlich wie die Feuerwehr (nur noch viel schneller!) durch Brunhildes großes Wohnzimmer. Das Kunststück dabei war, nirgendwo anzuecken. Aber auf meine Sensoren an

Das sind meine Rosis. Frauchen hat sie in die Waschmaschine gesteckt, weil sie durch das Herumtoben schon ganz schmuddelig geworden waren. Hoffentlich sind sie bald trocken!

den Barthaaren kann ich mich immer hundertprozentig verlassen.

Irgendwann bin ich fix und fertig gewesen und einfach eingeschlafen. Normalerweise erledige ich bis zur Schlafenszeit mit Frauchen noch viele lustige Spielrunden. Wenn ich dann geruhe, mich bis zum anderen Morgen vom Tage zu verabschieden, atmen meine Hundeeltern auf. Sie sehen dann beinahe so aus, als ob ich anstrengend für sie wäre.

In Greiz ist heute mein Freund Frank an der großen Zehe operiert worden, weil der Zehennagel eingewachsen war. Ich habe eine Gedenkminute für ihn gehalten..

Draußen ist es endlich wärmer geworden. Das ist nun mein zweiter Winter. Frauchen mußte mich oft bis in den Park tragen, weil die Gehwege vereist waren. Im Park lag eine schöne weiche Schneedecke, und der Schnee brannte dort nicht so eisig unter meinen kleinen Füßen. Aber man könnte sich auch ohne Minusgrade an diesen sehr bequemen Hunde-Träger-Service gewöhnen, denn die Aussicht auf Frauchens Schultern ist nicht zu verachten, sondern phänomenal und grandios zugleich. Außerdem: Wer läßt sich schon nicht gern auf Händen tragen! Auch die Menschen träumen davon, aber sie tun es untereinander viel zu selten.

Mittwoch, den 22. Januar 1997

Heute ist Frauchen mit mir ins Tal gegangen. Ein großes Stück durfte ich ohne Leine laufen. Zu Hause wurde mein Bauch unter der Dusche abgebraust. Anschließend drehte ich wieder durch, das heißt ich rannte wie ein Irrer durch alle Zimmer in der unteren Etage des Hauses. Meine geschickten Haken waren rekordverdächtig, und das Rudel bangte, daß ich nicht irgendwo mit Karacho kollidierte. Aber am meisten amüsierten sie sich dabei.

Wie einfach man den Menschen eine Freude machen kann, ist immer wieder sehr verblüffend für mich. Für einen Hund ist es jedenfalls sehr einfach.

Donnerstag, den 23. Januar 1997
Donnerstage mag ich überhaupt nicht. Da hat mein Frauchen Behördentag, und sie muß ganz lange in ihrem Büro sitzen, obwohl sie nicht viel zu tun hat. Aber aus Prinzip muß sie die Stellung halten. Was immer das auch sein mag... Sehr glücklich sieht sie jedenfalls nach so einem Tag nicht aus, denn ihre chronischen Nackenschmerzen zahlen ihr alles heim. Ein bißchen kann ich ihr die Schmerzen weglekken. Aber das ist nur ein winziger Tropfen auf einen heißen Stein. Meistens erträgt Frauchen ihre Schmerzen nur noch im Liegen.

Heute kam sie als Letzte von meinem Rudel nach Hause. Es war schon weit nach achtzehn Uhr. Manchmal vergesse ich, daß Donnerstag ist, und dann warte ich bereits ab sechzehn Uhr auf ihr Erscheinen. Die anderen Wochentage von Frauchen sind meistens hundefreundlicher.

Mit Herrchen bin ich heute im Dunkeln zur Garage gelaufen. Das war neu für mich, und ich war zunächst etwas störrisch, weil ich ja noch keine Ahnung hatte, daß wir unser Frauchen abholen würden. Im Gegenteil, ich hatte Angst, ich könnte ihre Ankunft zu Hause verpassen. Herrchens »Nachtschwärmerei« paßte mir im Augenblick überhaupt nicht. Hätte er sich nicht einen anderen Hund dafür ausborgen können?

Als ich dann so unerwartet mein liebes Frauchen aus dem Auto steigen sah, war ich ganz happy. Das kommt davon, weil Herrchen nicht mit mir redet! Er hätte mich ruhig vorher darüber aufklären können. Aber er denkt, Hunde verstehen keine Menschensprache.

Bei Frauchen ist Herrchen dann nicht so wortkarg gewesen, und er erteilte ihr sogleich an Ort und Stelle eine fachmännische Lehrunterweisung, wie man eine Scheibenwaschanlage nachfüllt. Hierzu mußte Frauchen erst einmal ganz sachte lernen, wo man die Motorhaube öffnet. Das war eine sehr schwere Aufgabe, und Frauchen biß sich dabei fast auf die Zunge, die ein bißchen aus dem Mund herausschaute. Aber ich wußte es, mein Frauchen schafft es ganz bestimmt und ohne einen einzigen Fehler! Herrchen war mit ihr zufrieden.

Nach Hause lief ich noch mal so gern. Endlich hatte ich mein Rudel wieder vollständig beieinander. Nur Herrchen ging etwas langsamer den Berg hinauf, weil er jetzt ein Packesel für die vielen Einkaufstaschen war, denn Frauchen kann sehr gut einkaufen. Es ist immer alles da, was ein Menschenhaushalt begehrt.

Frauchen ist unser kleines Wirtschaftswunder in puncto Haushaltskasse. Es reicht nie bis zum Monatsende. Darüber streitet sich mein Rudel am meisten. Aber Frauchen kann Herrchen jeden Monat zu einem kleinen rettenden Zuschuß überreden. Ihr Verhandlungsgeschick ist unübertrefflich und ohne zu übertreiben reif für den Bundestag.

Freitag, den 24. Januar 1997

Nachmittags haben wir gespielt. Leider ist es draußen naß und neblig. Wir trafen den kleinen Yorkshire Billi in der Stadt. Er ist noch ganz frisch, man sagt zu so etwas auch Babyhund. Trotzdem hat er nie Respekt vor mir. Wenn das mal in Zukunft nicht noch Ärger gibt!

Vormittags wohne ich unten im Haus bei Brunhilde. Sie ist schon über siebzig Jahre, aber ich halte sie jung und frisch und zur Belohnung spricht sie sehr viel mit mir. Manchmal wiederholt sie auch gern ihre uralten Geschichten, die ich längst auswendig kenne. Das Rudel verdreht dann immer so komisch die Augen, aber ich bin selbstverständlich ein höflicher Hund und höre ihr geduldig zu. Dabei übe ich immer meinen »Ich-verstehe-genau-was-du-sagst«-Blick.

Brunhilde besitzt noch andere sehr wichtige Talente. Zum Beispiel kann sie kochen. Am liebsten kochen wir zusammen etwas Leckeres für Frauchen, wenn sie an ihren kurzen Arbeitstagen mittags von der Arbeit kommt. Dabei darf ich die ganze Zeit auf Brunhildes Schultern sitzen und ich passe mit auf, daß nichts anbrennt. Bis jetzt mußte ich aber noch nie etwas beanstanden.

Vormittags erhalte ich auch hin und wieder die ehrenvolle Aufgabe, allein auf das Haus aufzupassen. Dann trage ich eine sehr große Verantwortung und ich erfülle meine Pflicht als perfekter Wachhund. Ich bin zwar klein von Statur, aber meine Wirkung ist dank meiner Stimme trotzdem ungeheuer. Wenn ich mich hinter der Haustür mächtig ins Zeug lege, gehen die Leute immer etwas schneller als sonst vorbei. Dann spüre ich ein stolzes Gefühl in meiner Brust, als ob ein Luftballon drin wäre.

Heute abend hat mich Frauchen mit ins Bad genommen, weil ich nicht müde zu kriegen war. Ich bekam einen gemütlichen Platz in der roten Plastewanne direkt auf der Waschmaschine zugeteilt. Diese führte gerade zufällig ihr Schleuderprogramm durch, und so wurde ich ordentlich durchgezittert. Das paßte genau zu den schwindelerregenden Bildern, die ich nun zu sehen bekam. Mein Frauchen machte sich ganz nackt vor mir. Und dabei kam ich selbstverständlich noch mehr ins Zittern, denn meine Augen wußten nicht, ob sie herausfallen oder nur größer werden sollten. Mein Puls schien stehengeblieben zu sein. Das wäre euch bestimmt genauso gegangen!

Frauchen fand sich viel zu dick, als sie sich kritisch im Spiegel betrachtete. Nach ein paar Sekunden oder Minuten traute ich mich endlich, wieder zu schlucken, und neue Lebensgeister wurden in mir wach. Ich fand nichts zu dick an ihr und außerdem kann man davon gar nicht genug sehen. Herrchen hätte mich bestimmt um meinen schönen Aussichtsplatz beneidet. Ehrlich gesagt, ich beneidete mich selber. Doch leider verschwand Frauchen viel zu schnell im großen Wasser und machte lustige Schaumspiele. Davon wurde ich etwas müde, denn man konnte von Frauchen nur noch den Kopf sehen, und den kann ich ja immer sehen. Bald sang sie selbstgemachte Lieder, einfach so aus der Wanne heraus. Meine Ohren sortierten, wie bei einer leichten Gymnastik, aufmerksam diese Wohlklänge.

Nun lebe ich schon ein Jahr und drei Monate bei meinem Rudel, aber man kommt aus dem Staunen nicht heraus, es wird nie langweilig. Die Menschen sind voller Rätsel. Beim Nacktbaden würde ich sehr gern mal wieder zusehen.

Samstag, den 25. Januar 1997

Endlich wieder ein Tag, an dem mein Rudel zu Hause blieb. Früh haben wir zusammen ausgeschlafen. Nach dem Frühstück sagte Frauchen kurz »Tschüssi!«, weil sie noch ein paar Schnäppchen allein machen wollte. Als sie wieder da war, kochte sie Menschenfutter nach einem Rezept aus »Bios Küche«. Der kommt jeden Freitag nachmittag im Fernsehen, und Frauchen ist ein Fan von ihm.

Zwischendurch spielte Frauchen immer brav mit mir, oder wir gingen Gassi, auch Polizeirunde genannt. Nach dem Mittagessen besuchten wir gemeinsam die Videothek. Leider interessierte sich mein Frauchen nur für normale Videos...

Im Park trafen wir auf dem Rückweg Hund Nicki, der von meinem Rudel gern »Nickel-Kickel« genannt wird. Er war vor mir etliche Jahre lang der Ferienhund meines Rudels. So kam Frauchen auf den Geschmack. Die beiden hatten ein tolles Verhältnis von Hund zu Mensch und andersherum. Nun hat Frauchen mich und nur noch mit mir ein Verhältnis. Es hat sich also »ausgenickelt«, wie Herrchen manchmal scherzhaft und erleichtert sagt.

Frauchen will mir in den nächsten Tagen diesen Nicki-Hund als Erziehungsmaßnahme unterjubeln, damit ich Hundefreundschaften nicht länger aus dem Weg gehe. Und wegen des Selbstbewußtseins soll das auch gut für mich sein. Das kann ja heiter werden. Ich bin dagegen! Aber auf mich hört kein Mensch.

Frauchens Idee gefällt mir ganz und gar nicht. Deshalb werde ich lieber von vornherein – sozusagen freiwillig – versuchen, ruhig und friedlich zu sein, auch wenn es mich ärgert, daß dieser Nicki seine Nase sehr hoch trägt. Heute zum Beispiel hat er mich einfach übersehen. Wahrscheinlich ist er krankhaft eingebildet, denn als Tibet Terrier oder Bearded Collie – beides ist möglich – besitzt der Nicki leider Rasse. Sollten wir uns bei der Bestimmung seiner Vorfahren sehr täuschen, möge uns sein gutes Frauchen verzeihen.

Ich bin übrigens niemals eingebildet, sondern stets herzallerliebst. Als Chihuahua ist das für mich hundeleicht. Ätsch, Nicki! Es hat sich wirklich ausgenickelt!

Heute nachmittag habe ich drei Stunden auf Frauchens Bauch geschnarcht, während sie sich ein Video nach dem anderen ansah. Den Winter über genießt sie gern diese Freizeitbeschäftigung.

Am Abend entdeckte Frauchen leider mein heimliches Katzenklo im Katzenkorb, worin sich ein größeres Geschäft von mir befand. Frauchen hatte sich in letzter Zeit schon immer gewundert, warum ich um den Katzenkorb so einen merkwürdigen Bogen machte. Nun sah und vor allem roch sie die Bescherung. Aber geschimpft hat sie deswegen nicht, sondern die stinkende Decke gleich ins duftende Schaumbad gelegt. »Mhmmm, duftig!« Und alles war wieder gut. Wer kann mir auch schon richtig böse sein.

Ich habe mich natürlich trotzdem vorsichtshalber sehr müde gestellt, weil ich ein schlechtes Gewissen bekam. Das kommt bei den Menschen immer sehr gut an. Frauchen meinte nur, da müssen die Menschen eben besser aufpassen. Mein Frauchen ist sehr klug. Bravo! Sie hat vollkommen Recht. Schuld haben immer nur die Menschen! Diese Wahrheit haut Euch doch hoffentlich nicht um, oder?!

Mittwoch, den 29. Januar 1997

Heute wurden die neuen Betten im Schlafzimmer aufgebaut. Nun brauche ich nicht mehr in der Ritze zu schlafen, und Herrchen und Frauchen versprechen sich auch einiges davon. In der Mitte ist jetzt der schönste Platz. Ich habe gleich ein paar Kontrollgänge unter den Betten gemacht.. Frauchen kann dort jetzt viel leichter saubermachen, denn sie ist ein wahres Putzwunder.

Freitag, den 31. Januar 1997
Mein Rudel ist mit den neuen Betten sehr zufrieden. Frauchen hatte bis jetzt keinen verspannten Rücken mehr, und sie kann ihren schönen Körper ganz lang ausstrecken wie eine Katze. Na ja, Katzen sind ein Thema für sich.

Samstag, den 1. Februar 1997
Nach dem Mittagessen ging es endlich los. Ich konnte es kaum erwarten und quiekte wie immer ganz ungeduldig. Was die Menschen auch vorher alles so anziehen müssen, das ist eine Zumutung!

Wir fuhren in den Zeitzgrund. Dort ist noch tiefster Winter, weil die Sonne so niedrig steht. Im Schatten wollten wir nicht bleiben. So fuhren wir zu den »Roten Pfützen«. Hier ist es überall sonnig. Ich durfte ohne Leine laufen. Auf dem Rückweg wanderten wir durch einen dunklen Wald. Frauchen fand den Wald sehr gruselig. Aber Herrchen und ich beschützten sie gern.

Diese Ausflüge liebe ich sehr, vor allem, wenn ich für mein Frauchen ein bißchen den Helden spielen darf. Dann bin ich immer ausnahmslos gehorsam, was das Zusammenbleiben mit meinem Rudel anbelangt. Das habe ich mir selber beigebracht. Man nennt es bei klugen Hunden »Instinkt!«.

Sonntag, den 2. Februar 1997
Heute Morgen haben wir uns zusammen geweckt. Dann ist Frauchen zu Herrchen gekuschelt. Dabei zappelte Frauchens Hand immer so komisch unter Herrchens Bettdecke. Ich habe natürlich aufgepaßt, daß ich nicht den Anschluß bei diesem schönen Spiel verlor. Das hatte ihnen aber offenbar nicht so richtig gepaßt.

Diese Spiele könnten sie ruhig öfter machen. Aber ich glaube fast, daß tun sie lieber ohne mich.

Montag, den 3. Februar 1997
Heute hatte Frauchen Geburtstag. Leider quälten sie wieder starke Schmerzen an ihrem Halswirbel und Kopfschmerzen.

Ausgerechnet heute war nicht ihr bester Tag. Mein Freund Frank kam mit seiner Mutti Irene (Frauchens mittlere Schwester) aus Greiz. Er hat den ganzen Nachmittag mit mir gespielt.

Samstag, den 8. Februar 1997

Vormittags bin ich mit Frauchen einkaufen gegangen. Dann schaute ich ihr beim Kochen zu und bewachte am Fenster das Haus. Die Nachbarn holten ihre Möbel ab. Sie trennen sich, weil sie sich nicht mehr lieb haben. Mein Rudel tut das hoffentlich nie.

Nach dem Essen machten wir einen ausgedehnten Spaziergang durch die ganze Stadt. Die Bürgersteige sind fast trokken, dennoch bekam ich einen schmutzigen Bauch. Wir trafen einen großen Bobtail. Vor dem hatte ich ein bißchen Angst, aber Frauchen auch. Trotzdem war sie streng zu mir. Sie nahm mich nicht auf ihren Arm. Zum Glück überlebte ich diesen »Schnupperkurs« gerade so.

Abends war ich ganz zeitig müde. Ich freue mich schon auf den Sonntag.

Montag, den 10. Februar 1997

Heute ist es wie im Frühling, draußen sind elf Grad. Obwohl es sehr windig ist, kann man in der Sonne schon etwas »die Seele baumeln lassen«, wie Frauchen sagt. Sie kam heute zeitig nach Hause, und ich war überglücklich.

Wir wanderten ins Tal, obwohl ich mein Revier nicht so besonders gern verlassen möchte. Aber Frauchen überredete mich geduldig. Immer wenn es zu sumpfig wurde, trug sie mich ein Stück auf ihren Händen. Diese Aussicht genoß ich natürlich ausgiebig, fast erhaben. Bald trafen wir unseren Dackelfreund, leider wissen wir bis jetzt noch nicht seinen Namen. Wir waren natürlich viel schneller, denn der Dackel bummelte an jedem Grashalm.

Mit Frauchen lief ich bis zum Tennisplatz, aber wir kehrten vorsichtshalber eher um, weil wir mitten auf der Sportplatzwiese zwei spielende Schäferhunde entdeckten. Die

Für Frauchens Geburtstag brauche ich ganz schön viel Puste. Jetzt habe ich so viele Luftballons aufgeblasen, daß ich mein eigener Gefangener bin. Frauchen, rette mich!

könnten mich leicht für ein »Spielzeugkaninchen« halten. Genügend Schauergeschichten von anderen Hundebesitzern hatten wir ja schon darüber gehört.

Doch einer der Schäferhunde tauchte plötzlich in unserer Nähe auf. Frauchen versteckte mich sekundenschnell in ihren Armen. So gut beschützt, wollte ich natürlich gern vor ihm angeben. Mutig gab ich ein paar zaghafte Laute von mir. Frauchen bat mich eindringlich, »die Schnauze zu halten!«, denn bis jetzt hatte mich der Große noch nicht entdeckt. Allmählich begriff ich, daß Frauchen nur mein Bestes wollte. Na gut, ich kann ja ein andermal angeben.

Bald waren wir in Sicherheit. Aber mir war nach diesem Erlebnis noch lange unheimlich zumute, und so eilte ich an der Leine voraus, als ob der Teufel leibhaftig hinter mir her wäre. Wir trafen zwei andere Hunde, die ich nicht kannte. Das verbesserte meine Lage überhaupt nicht.

Zu Hause brauchte Frauchen heute nur meine Füße sauber zu machen. Der Bauch hatte nichts abgekriegt. Dafür bekam Frauchen aber noch ihr Fett ab.

Am Nachmittag hängte sie in froher Erwartung im Wohnzimmer die neuen Gardinen auf. Frauchen brauchte dieses Erfolgserlebnis. Herrchen schimpfte leider, denn er brauchte dieses Erfolgserlebnis nicht, und erst recht keine neuen Gardinen. Dann schon eher eine neue Frau! Irgendwann beruhigte sich Herrchen wieder. Mein Frauchen hat ihn ganz sanft gekrault. Das macht sie bei mir auch immer. Von mir aus kann sie sich noch viele neue Gardinen kaufen. Herrchen sollte das einsehen, vielleicht wird er dann von Frauchen genauso oft gekrault wie ich.

Dienstag, den 11. Februar 1997

Heute erlebte ich einen ganz großen Schreck. Wir gingen in der Dunkelheit Gassi. Da kam plötzlich ein herrenloser Schäferhund auf uns zu. Er verfolgte uns über den ganzen Marktplatz, sagte aber keinen einzigen Ton. Ich konnte mich natürlich nicht zurück halten: »Geh weg, du Großer! Tu' ja meinem Frauchen nichts! Sonst kriegst du es mit mir zu tun!« Frauchen versuchte uns mit scharfem Ton (tiefe Stimme) in Schach zu halten. Mich, um mir meine Angst auszureden, und den anderen, um ihm seine Angst einzureden. Je verspielter der Schäferhund wurde, um so gefährlicher wurde ich in meiner Gebärdensprache. Frauchen hoffte, der Große würde mich nicht mißverstehen. Jedenfalls wurden seinen Bewegungen trotzdem immer lebhafter. Vielleicht dachte er schon, ich bin ein »bellendes Kaninchen«. Frechheit! Schließlich und endlich nahm mich Frauchen auf ihren Arm. Das war auch allerhöchste Zeit. Aber dieser Witzbold wollte nun ebenfalls dieses Privileg! »He, weg da! Das ist mein Frauchen!«, rief ich empört. Zum Glück hatte Frauchen noch eine andere gute Idee. Wir retteten uns in den Getränkeladen. Hier waren wir erst einmal vor dem Unhold sicher, und notfalls konnten wir uns jede Menge Mut antrinken. Von dem Zeug stand ja genug herum. Ich habe das zwar noch nie ausprobiert, aber wenn's hilft, warum nicht. Mir war in diesem Moment alles recht.

Wir kamen uns vor wie im Film. Da standen wir nun, ganz dicht mit den Nasen an die Glastür gepreßt und beobachteten die Straße. Von links nach rechts und von rechts nach links. Das ging eine ganze Weile so. Der Verkäufer fand uns eher lustig als todernst. Dabei ging es doch um unseren Kopf und Kragen! Und der amüsierte sich über uns. Pfui!

Endlich war die Luft wieder rein. Wir eilten nach Hause. Dabei war mir Frauchen viel zu langsam. Man muß ja nicht den Helden spielen, oder? Was, wenn dieses »Ungeheuer« wieder zurückgekommen wäre? Nicht auszudenken!

Zu Hause lief ich gleich in die obere Etage und fand den vertrauten warmen Schutz auf meiner Kuschelcouch. Hier war meine heile Welt. Hier bin ich Hund, hier darf ich's sein. Von diesem Schrecken mußte ich mich erst einmal tüchtig erholen.

Also, was da draußen alles so herumlaufen darf! Frauchen tröstete mich ganz lieb, denn ich war fix und fertig. In den nächsten Tagen mochte ich den Weg zum Marktplatz überhaupt nicht. Ohne Hundeleine wäre ich auf der Stelle wieder umgekehrt.

Samstag, den 15. Februar 1997

Wir fuhren nach Hermsdorf. Ich mußte über ein Stunde lang im Auto warten, weil sich Frauchen eine neue Brille aussuchte. Ja, ja die Frauen!
 Mein Frauchen hatte eine ganz genaue Vorstellung von so einer Brille und das dauerte eben. Herrchens Geduld war vorbildlich, obwohl ihm das nicht gerade leicht gefallen ist. Anschließend liefen wir eine große Runde durch das Wohngebiet als Belohnung für mein Warten. Meine Menschen sind vorbildliche Hundeeltern.

Sonntag, den 16. Februar 1997

Heute hatte Frauchen wieder eine besondere Idee. Sie will mir beibringen, wie man mit anderen Hunden Freundschaften schließt. Und welcher Hund wäre da besser geeignet als Nicki? Leider hat es überhaupt keinen Zweck, Frauchen davon abzubringen.
 Wir holten den Nicki ab und wanderten ins Tal. Bald beruhigte ich mich. Mir blieb gar nichts anderes übrig, denn auf mich hört ja kein Mensch. Ich weiß auch nicht, woran das liegt. Dabei habe ich von Anfang an meine bescheidenen Rechte immer konsequent durchgesetzt. Jawohl!
 Sehr konzentriert beobachtete ich Nickis erfahrene »Schnüffelmethoden«. An jedem Grashalm fand er eine andere Klatschzeitung. Ein ganz schöner Angeber! Hin und wieder tat ich es ihm nach, aber zu nahe durfte mir der Nikkel-Hund dabei nicht kommen. Da hieß es aufpassen. Zum Glück war ich meistens nur Luft für ihn. Ich sag's ja, ein Angeber!
 Aber dann hatte Frauchen eine noch schlimmere Idee: Nikkel durfte mit in unser Haus. Jetzt platzte mir aber der Kragen! Das konnte sie doch nicht machen! Ich habe ihr laut-

stark die Meinung zu gebellt: »Ich bin d-a-g-e-g-e-n!« Aber Frauchen ließ sich nicht beeindrucken. Im Gegenteil, sie badete diesem Eindringling auch noch die Füße in unserer schönen weißen Badewanne, während ich auf der Waschmaschine sitzend zusehen mußte. Nicki sei sehr viel schwerer geworden, meinte Frauchen. Das geschieht ihr recht, dachte ich. Von mir aus hätte sie sich auch einen winzigen klitzekleinen Bruch bei ihm heben können.

Bald war ich mit dem Abduschen an der Reihe. Frauchen fand mich viel pflegeleichter wegen meiner Zwergengröße. Letzteres überhörte ich einfach. Danach gingen wir gemeinsam nach oben ins Wohnzimmer. Dort bellte ich so laut, daß die Bilder an den Wänden wackelten. Nicki wollte wegen des Lärms (damit meinte er natürlich mich) ein eigenes Zimmer haben. So kam es, daß ich einfach unten bei Brunhilde abgegeben wurde, herzlos, als ob ich ein toter Gegenstand wäre.

Es ist doch unerhört, wozu mein ansonsten liebes Frauchen wegen diesem Nicki fähig ist! »Frauchen, ich bin doch nur eifersüchtig!« Aber Frauchen erhörte mich nicht. Sie stellte sich taub. So etwas kann man ohne Übertreibung Tierquälerei nennen.

Zwei Stunden lang verbrachte sie mit diesem »Nickel-Kikkel« in aller Freundschaft oben in unserem Wohnzimmer. Ich konnte bei Brunhilde kein Auge zumachen. Nach diesen zwei endlos langen qualvollen Stunden gab mir Frauchen jedoch eine neue Chance. Sie nahm mich wieder mit nach oben. »Er« war auch noch da.

Jeder Hund blieb respektvoll in seiner Ecke liegen. Ich wußte ja, was mir blüht, wenn ich mich daneben benähme. Dann würde ich nämlich wieder ausgeschlossen. Und das in meinem eigenen Haus! Unerhört! Nun, ich will mich nicht schon wieder darüber aufregen. Es hat ja sowieso keinen Zweck. Bald schliefen wir Hunde eine Runde. Aber ich war bei jedem Geräusch, das von Nicki kam, sofort hellwach. Kurz vor dem Abendbrot wurde er endlich abgeholt.

Endlich, endlich konnte ich wieder fressen und mich frei bewegen, und endlich war ich wieder ich! Noch nie war mir das so wichtig gewesen wie jetzt.

Samstag, den 22. Februar 1997

Nach dem Mittagessen fuhren wir nach Saalfeld. Dort hat Frauchen siebzehn Jahre gelebt. Die Fahrt über war ich sehr artig.

Wir besuchten kurz die Wirkungsstätte des »Majors«, einer wichtigen Person im Leben von Frauchen. Alles ist heute nur noch eine Ruine, aber hier hatte der Major »Kabale und Liebe« erlebt. Immer, wenn Frauchen an diesem Ort ist, kommt es ihr vor, als ob sie die Seele des »Majors« spüren kann. Er war jemand, an dem sich ein Kind gern orientiert und sich später als Erwachsener stolz erinnert. Ich bin auch sehr stolz auf mein Frauchen. Das muß ungefähr das Gleiche sein.

Wir fuhren weiter zum »Eckardtsanger«, dort wanderten wir eine Stunde lang durch Frauchens ehemalige Lieblingsspielplätze mitten in der Natur. Inzwischen ist es hier nicht mehr ganz so einsam wie früher, meinte Frauchen mit einem leichten Seufzer. Der etwas melancholische Satz: »Diese Zeit kommt nicht wieder« paßte wie die Faust aufs Auge. Nie hätte Frauchen geglaubt, daß sie mal imstande sein würde, so etwas zu denken. Das tun doch nur alte Menschen, und die jungen hören ihnen schlecht zu. Alt fühlt sich Frauchen trotzdem noch nicht. Aber erlebt hat sie schon eine ganze Menge. Und irgendwie wünscht sie sich, sie hätte das Wissen von heute schon damals gehabt.

Frauchen erzählte mir, daß sie damals als junger Mensch viele ideale Vorstellungen von einer heilen Welt hatte. Auch die Menschen sah sie so. Die meisten ihrer naiven Betrachtungsweisen sind in eine falsche Richtung gelaufen, Illusionen sind wie Seifenblasen zerplatzt. Platsch, bum, peng! Ein Kartenhaus aus Träumen brach haltlos zusammen. Alles war nur ein Wunschdenken gewesen. Niemand klärte Frauchen darüber auf, daß früher oder später das Selbstbewußtsein darunter leiden würde, wenn man die Schattenseiten einfach nicht wahrhaben will. Denn nur die Braven kommen in den Himmel, aber die Starken überall hin. Der Himmel an sich ist ja etwas Großartiges, aber die Selbstbewußten haben den Himmel schon auf Erden. Und nur das allein zählt! Das Schöne ist, daß Frauchen heute darüber lächeln kann. Ein bißchen stolzer, ein bißchen befreiter und ein bißchen weiser.

Am glücklichsten, so sagt Frauchen, sind diejenigen, die es lernen, wirklich frei zu sein von allen Vorurteilen, Ratschlägen und Meinungen. Nur sie selbst bestimmen in ihrem Denken, was richtig ist, und sie betrachten die Meinungen der anderen mit Gelassenheit. Sie akzeptieren die Menschen so, wie sie sind. Das tun wir Hunde von Geburt an.

Sechzehn Uhr waren wir bei Frauchens Schwester Renate. Bei ihr wohnt jetzt ein Kater namens Rambo. Dieser kuschelte auf den Armen von Jörg, dem erwachsenen Sohn von Renate, und ich auf Frauchens Armen. Das war meine erste nähere Bekanntschaft mit einem Kater, und es war gar nicht so schlimm. Wir lagen sogar ziemlich eng beieinander und gingen unseren Tagträumereien nach. Vorher testete ich noch das Katzenspielzeug, das Rambo später mißtrauisch begutachtete, genauso wie mein mitgebrachtes Trockenfutter. Dafür schmeckte mir Rambos Trinkwasser besonders lecker. Bestens! Ausgezeichnet! So ging alles gut.

Gegen achtzehn Uhr waren wir bei Familie K. zu Besuch. Frau K. ist Frauchens ehemalige Arbeitskollegin, doch leider kommt sie uns nie mit Herrn K. zu Hause besuchen. Frauchen hält diesen Kontakt allein aufrecht. Schon ein paarmal wollte sie damit aufhören, aber sie schafft es nicht. Es gibt keinerlei Anhaltspunkte, daß Familie K. absichtlich einen Gegenbesuch ausschlägt. Eher ist es die Bequemlichkeit. Weil Frauchens Schwester Renate hier wohnt, fällt ein Besuch bei Familie K. mit Leichtigkeit nebenbei ab. So denken wahrscheinlich unsere Bekannten.

Nun, ich hinterließ bei unserem ersten Kennenlernen wenigstens ein paar Hundehaare in ihrer Wohnung und beschnupperte alle Ecken. Ab und an schlief ich ein oder ich leckte Frau K. und ihrem Mann die Hände ab. Leider bekam ich ausgerechnet jetzt Lust auf Sex, denn abends um diese Zeit überfällt mich gern diese nicht ganz jugendfreie Anwandlung. Frauchen verbot mir sehr energisch dieses Vergnügen an den Armen unserer Gastgeber. Wieder mußte ich nachgeben.

Nach zwei Stunden verabschiedeten wir uns von Familie K. und traten die Heimreise an. Auf dem Weg zum Parkplatz trafen wir noch eine Renate. Das war die Tante von Frau K. Frauchen kennt sie von früher. Trotz der Dunkelheit und der vielen Jahre seit dem letzten Treffen hat sie Frauchen sofort wiedererkannt. Mich fand diese Tante Renate toll und super niedlich. Sie bedauerte ebenfalls die Kontaktarmut von Familie K. Ein absolutes Zeitproblem für zwei berufstätige Menschen. Da kann man nichts machen.

Im Auto schlief ich ein bißchen. An diesem Tag war ja allerhand los. Gute Nacht, mir reicht es für heute.

Sonntag, den 23. Februar 1997

Wir wanderten von Tautenhain nach Seifartsdorf. Ich durfte meistens ohne Leine laufen. Frauchen und Herrchen waren früher schon öfter mit Nicki hier. Nun haben sie mich erstmals mitgenommen. Wurde ja auch Zeit.

Es war frühlingswarm bei zwölf bis fünfzehn Grad. Gegen halb drei Uhr waren wir wieder zu Hause. Ich schlief sofort ein. Vormittags hatte ich ausnahmsweise auch eine Stunde geschlafen. Daran könnte ich mich glatt gewöhnen, weil Frauchen ohnehin für das Rudel kochen muß. Heute jedenfalls war ich ganz schön fertig. Der gestrige Tag steckte mir noch tief in den Knochen.

Weil wir durch große schmutzige Felder gehopst sind, wollte mich Frauchen vorbeugend gegen eventuelles Ungeziefer besprühen. Ich habe mich im Bücherregal versteckt, aber es war zwecklos. Frauchen sprühte einfach unaufhaltsam weiter nach mir. Trotzdem müssen die Menschen mehr Ungeziefer haben als wir Hunde, denn sie besprühen sich jeden Morgen mit solchem Zeug. Manchmal tun sie es sogar mehrmals am Tag.

Nun, ich war nach dieser Sprüherei ziemlich beleidigt. Als Wiedergutmachung spielte Frauchen mit mir und Rosi Plüsch am Abend eine flotte Runde Werfen und Holen.

Mittwoch, den 26. Februar 1997

Frauchen schmückt das Haus österlich. Das sieht sehr gut aus, obwohl es mich etwas langweilt und es noch viel zu zeitig dafür ist.

Samstag, den 1. März 1997

Draußen ist es wie im Frühling. Wir sind mit Brunhilde ins Tal gelaufen. Auf dem Sportplatz war heute eine Menge los. Gelbe und lila Männer, mit großen Nummern auf dem Rücken, rannten einem einzigen Ball hinterher.

Auf dem Rückweg klauten Brunhilde und Frauchen einen Osterstrauß.

Seit gestern trägt Frauchen ihre neue goldene Brille. Nun sieht sie noch hübscher aus. Den Rest des Tages war ich sehr müde. Mal sehen, was morgen los ist.

Sonntag, den 2. März 1997

Zur Zeit bin ich sehr bellfreudig. Das habe ich von den anderen Hunden gelernt, die ihre Grundstücke genauso hingebungsvoll und furchterregend verteidigen.

Nach dem Mittagessen waren wir wieder auf Wanderschaft. Schön! Mein Rudel wollte heute den Zeitzgrund erforschen. Dort sind wir noch Neulinge. Ich quiekte vor lauter Aufregung, aber es dauerte eine ganze Weile, bis Herrchen und Frauchen alle Utensilien angezogen und eingepackt hatten. Endlich ging es los.

Wir fuhren zur »Köppe« in Bad Klosterlausnitz. Aufgeweckt, frisch und voller Tatendrang begrüßte ich jeden Baum. Hier gab es einen ganzen Wald davon. Wir trafen eine Menge Hunde. Die Sonne knallte herunter, sechzehn Grad und mehr. In den Zeitzgrund hinein kamen wir allerdings gar nicht, denn wir bogen in Hermsdorf ab, und liefen in Richtung »Ziegenböcke« weiter. Dort kannten Frauchen und Herrchen wieder jeden Weg. Vorher probierten sie noch eine Abkürzung, aber die mußten wir leider aufgeben, weil sie zu sumpfig wurde. Durstig hing mir die Zunge heraus. Frauchen erlaubte mir nicht, an irgendeiner Pfütze zu saufen.

Herrchen begann zu nölen, weil ihm alles weh tat. So einen langen Marsch hatte er nicht eingeplant. Na ja, er war ja auch schon wieder ein Jahr älter. Pessimistisch zählte er uns auf, wie unendlich weit das Ziel noch entfernt sei. Aber mein Frauchen ließ sich nicht beeindrucken. Sie war in Bestform. Wie bei einem Kleinkind versuchte sie Herrchen aufzuheitern, und schließlich fand Frauchen sogar eine prima Abkürzung, denn sie hat einen sehr guten Orientierungssinn. Da war Herrchen baff.

Kurz nach sechzehn Uhr waren wir wieder am Parkplatz. Nach drei Stunden strammer Wanderung. Danach verschlief ich den Rest des Tages. Herrchen war ebenso fix und alle. Er hatte eine riesengroße Blase am Fuß. Für heute könnten wir ihn wegschmeißen, meinte er. Wie ein uralter Opa erhob er sich aus seinem Fernsehsessel. Hoffentlich ist er bis zur nächsten Wanderung wieder gut zu Fuß. Ich werde ihm gleich morgen seine Füße ablecken, dann heilt die Blase bestimmt besonders schnell.

Montag, den 3. März 1997

Mittags kam Frauchen nach Hause. Hurra! Ich freute mich riesig. Das tue ich übrigens immer. Die Menschen untereinander können sich das nicht immer zeigen. Darin sind wir Hunde einzigartig. Frauchen ist mein Lieblingsmensch. Nur wenn die Ferienkinder da sind, werde ich ihr etwas untreu. Aber dafür hat Frauchen volles Verständnis.

Nach dem Essen fuhren wir zur Garage. Ich saß stolz auf dem Beifahrersitz, und mein Brustgeschirr hielt mich fest. Leider saß ich ohne Menschenschoß nicht hoch genug, um draußen alles überblicken zu können. Aufpassen mußte ich auch allein, denn wenn Frauchen bremste oder Gas gab, hatte sie keine Hand mehr für mich frei. Da wurde ich ganz schön geschubst und geschüttelt. Doch schnell waren wir an der Garage. Ich mußte noch etwas warten, weil Frauchen bei unserem Felix (unsere Autos heißen alle so) alle Scheiben putzte. Dieser Felix ist Felix Nr. sechs. Seit ihrer Kindheit zählt Frauchen jedes Auto, das jemals zur Familie gehörte und noch gehört.

Frauchen benutzte für die Autoscheiben eine Sprühflasche, die es leider auch so ähnlich für Hunde gibt. Manchmal neckt sie mich zu Hause mit so einem Ding, das voller Wasser gefüllt ist. Ich mag das gar nicht leiden. Aber Frauchen findet das immer sehr lustig. Das ist o-b-e-r-g-e-m-e-i-n von ihr.

Nun fuhr Frauchen vorsichtig in die Garage hinein. Das machte sie sehr gut. Endlich durfte ich aussteigen. Es schnupperte vertraut. Hier kannte ich jede Duftspur.

Bald trafen wir Lissy, eine Art Schnauzer. Sie besitzt einen Schmuckladen. Das ist schon mal nicht zu verachten. In diesem Schmuckladen hat Herrchen sogar vor kurzem für Frauchen einen hübschen Ring gekauft mit einem grünen Stein in der Mitte. Jetzt muß Frauchen nur noch auf einen »Anlaßtag« warten, und der Ring gehört ihr. Herrchen ist viel zu geizig, um ihr den Ring außer der Reihe zu schenken. Da muß schon ein wichtiger Grund vorliegen.

Herrchen denkt nicht im Traum daran, daß die Liebe zweier Menschen kein berühmtes Datum braucht. Aber Frauchen tut das. Ich habe einmal recherchiert, was unter der Bezeichnung »Anlaßtage« genauer zu verstehen ist: Das ist bei meinem Rudel z. B. der Hochzeitstag, der Geburtstag, der Frauentag oder der Kennenlerntag. Ich dagegen habe jeden Tag einen »Hundetag«! Zum Glück!

Jedenfalls, die Lissy mag mich. Und ich mag die Lissy auch heimlich und ein bißchen mehr. Zuerst bellte ich ihr wie ein Großer etwas ins Ohr. Man muß mehr von sich her machen als man ist. Das raten sich die Menschen untereinander auch immer. Im Park ließ mich Frauchen sogar von der Leine. Das war im ersten Moment etwas aufregend. Schließlich war Lissy ebenfalls ohne diese »Nabelschnur«. Ich gab weiter mit meiner Stimme den Ton an, denn so bemerkte niemand meine Unsicherheit. Wir spielten sogar ein paar Runden Fanger, fast wie bei einem richtigen Liebespärchen. Erst Lissy hinter mir und dann ich hinter Lissy. Letzteres machte mir besonders viel Spaß.

So ein Fangerspiel ist gar nicht weiter schlimm, sondern echt gut für die Figur. Jetzt verstand ich auch, warum mir Frauchen immer etwas davon vorgeschwärmt hat. So eine Hundefreundschaft ist richtig geil.

Den heutigen schönen Tag und die Lissy werde ich nie vergessen. Lissy mich auch nicht, das hat sie mir selber gestanden. Unseren beiden Frauchen ging es bestimmt genauso, denn sie erzählten sich eine Menge über Hundeerziehung. Alle möglichen und unmöglichen Hundethemen tauschten sie aus. So, so, das wunderschöne Mühltal hat Lissy mit ihrem Rudel also auch schon kennengelernt.

Für heute mußten wir aber leider erst einmal voneinander Abschied nehmen. »Bis zum nächsten Mal, Lissy!« rief ich hoffnungsvoll hinter ihr her. Und tatsächlich, Lissys hübsche Augen schauten ein paarmal traurig zu mir zurück. Wenn mich nicht alles täuscht, habe ich sogar eine kleine winzige Träne in ihrem linken Augenwinkel gesehen. Oder war es im rechten? Na egal, jedenfalls war die Träne bestimmt echt, so wie Lissys Schmuckladen. Ich mag es, wenn Frauen mir eine Träne nachweinen. Das weiß ich seit heute mit ziemlicher Sicherheit.

Zu Hause machte ich mit meinem Frauchen ein kleines Nickerchen. So erholte sich Frauchens Schulter wieder etwas von den Schmerzen. Lange konnten wir aber nicht schlafen, denn ich mußte wieder einmal die Nachbarshündin Kessy in die Schranken weisen, die lautstark und angeberisch an unserem Haus vorbei flanierte. Das macht sie immer so, und das ist pure Absicht von ihr. Ich konnte mir ihr freches Grinsen bildhaft vorstellen, und was sie sagte, war nicht zu überhören: »Ätsch, Gismo, ich gehe Gassi, und du kriegst mich ja doch nicht!« So ein hübscher weißer Wuschel und so ungezogen! Ich schüttelte meinen Kopf verständnislos hin und her.

Später mußte Frauchen zu ihrer Akupunktur. Doch bald kam sie zurück. Frisch genug für neue Hundespiele, während Herrchen heute allein abwaschen mußte. Denn jeder macht das, was er am besten kann. Aber damit es nicht so sehr nach Ausbeuterei der Männerwelt aussieht, muß ich gerechterweise Weise hinzufügen, daß Frauchen vorher ein sehr schönes Abendbrot gezaubert hatte.

Mittwoch, den 5. März 1997

Heute hatte ich viel Glück. Ich bin nämlich der Brunhilde durch die Haustür gerutscht, weil ich mein liebes Frauchen begrüßen wollte. Zack, zack und mit viel Schwung hatte ich die angelehnte Haustür mit meinen geschickten Vorderpfoten aufgestubst, und schon war der Gismo weg.

Ich rannte meinem Frauchen überglücklich und mit viel Power mitten auf der Straße entgegen. Das ist ein unbeschreibliches großes Gefühl, als ob man fliegt. Ich fühlte mich in diesem Augenblick sozusagen als »Fliegender Hund«. Nichts konnte mich aufhalten. Es gibt einfach nichts Schöneres!

Unsere Straße ist zum Glück eine verkehrsberuhigte Zone, aber kaum ein Autofahrer hält sich daran. So war Frauchen froh, daß gerade in diesem Augenblick kein böser Autofahrer vorbei fuhr. Brunhilde bekam von Frauchen eine strenge Rüge erteilt und sie darf die Haustür niemals mehr einen Spalt geöffnet lassen ... Von wegen, er wird schon nicht! Rentner glauben das, aber Hunde sind viel schlauer!

Am Nachmittag mußte ich zum Tierarzt. Ich fragte mich schuldbewußt, ob sie mich bestrafen wollten wegen vorhin. Kaum war ich dort, begann ich zu zittern. Der Geruch erinnerte mich an schreckliche Dinge. Als Welpe wurde mir in der Tierklinik ein Milchzahn entfernt. Daran kann ich mich noch sehr genau erinnern. Das war kein schönes Erlebnis. Leider soll ich am Montag wieder in die Tierklinik, denn meine Zahnfleischwucherung an den Vorderzähnen ist größer geworden. Aber Montag ist noch lange hin, vielleicht vergessen meine Leute den Termin.

Abends gingen Herrchen und Frauchen ganz schick weg. Das tun sie sonst nie ohne mich. Wollen die mich etwa ärgern, weil ich heute so böse war?! Ich habe ja nun begriffen, daß ich sehr leichtfertig gehandelt habe! Ist es wirklich ihr Ernst, mich so hart zu bestrafen?! »Ich tue das n i e wieder, Frauchen und Herrchen! Ich bin wieder lie-iee-iiib!!!« Doch sie erhörten mich nicht. Sie waren einfach taub und fuhren ohne mich nach Gera zum Konzert.

Nach zweiundzwanzig Uhr wurde ich von Brunhilde ins Schlafzimmer gebracht. Aber wo blieben mein Herrchen und mein Frauchen? Ich wußte genau, daß sie noch nicht zu Hause waren, und ich war total unglücklich darüber. Ob sie jemals wieder nach Hause kommen werden? Das können sie mir doch nicht antun und einfach nicht wiederkommen!!!! Ich bin ein Hu-uuu-uund! Und zwar ein ganz lieber – kleiner – süßer, der zur Zeit nur etwas armselig und bedauernswert ausschaut. Ich will doch bloß nicht alleine bleiben! Ich will mein Herrchen und mein Frauchen wieder haben! Ist das so schwer zu begreifen?

Mein Rufen schien niemand zu hören. Ich verstand das nicht, so ungezogen war ich doch nun auch wieder nicht gewesen. Ich kratzte flehend an der Schlafzimmertür. Brunhilde kam mich beruhigen. Aber das reichte nicht. Endlich hörte ich unser Auto vorfahren. Es war Felix Nr. sieben! Ich konnte aufatmen. In Windeseile war Frauchen bei mir. So schnell sie konnte, rannte sie die Treppe hinauf. Sie hatte mich bestimmt sehr vermißt. Das nächste Mal komme ich lieber wieder mit.

Aber zum Glück sind Konzertkarten sehr teuer, so daß mein Rudel keine weiteren Konzertbesuche plant. Und zum Glück ist Herrchen auch sehr geizig, wenn es etwas kostet.

Donnerstag, den 6. März 1997

Heute war ein komischer Donnerstag. Frauchen blieb zu Hause. Das brachte mich ganz schön durcheinander. Von mir aus kann Frauchen jetzt ruhig öfter zu so einem Konzert gehen wie gestern, wenn sie am nächsten Tag zu Hause bleibt und nicht auf Arbeit muß. Aber sie sagte, es gibt nur einen einzigen freien Behördentag im Jahr, und den hat sie heute genommen.

Mittags kam André. Brunhilde machte ihm Bratbrot, seine Lieblingsspeise. Frauchen holte sich etwas vom Chinesen. Anschließend backten wir mit André einen leckeren Streuselkuchen. Er durfte eine Kostprobe für seine Familie mit nach Hause nehmen. Ich fand, dieser Donnerstag war der schönste Donnerstag seit langem.

Freitag, den 7. März 1997

Frauchen kam zu Mittag pünktlich nach Hause. Aufgeregt erzählte sie uns von der defekten Kupplung in ihrem Auto. So fuhren wir nach dem Essen alle gemeinsam nach Bad Köstritz in die Werkstatt. Brunhilde durfte auch mitfahren. Herrchen folgte uns mit dem Dienstwagen Felix Nr. sieben, falls wir Felix Nr. sechs in der Werkstatt lassen müssen.

Die Werkstatt bat uns, eine Stunde zu warten. So fiel eine schöne Wanderung für mich ab. Die Sonne schien warm herunter, und die Menschen konnten ohne Jacken herumlaufen. Frauchen entdeckte viele neue Wanderwege für unsere Wochenenden. Mir kann es nur recht sein.

Frühlingsgefühle habe ich das ganze Jahr über. Ich bin auch nur ein Mann. Aber nun ist wirklich Frühling. Man sieht es und man riecht es.

In der Werkstatt hatte man an der Kupplung nichts gefunden. Frauchen konnte es nicht fassen, sie hatte heute Morgen fast eine Notlandung machen müssen, weil die Kupplung absolut nicht mehr reagierte. Nun stand sie da, wie eine eingebildete Kranke vor einer grinsenden männlichen Überzahl von Werkstattleuten. Davon ließ sie sich aber nicht einschüchtern.

Erneut schilderte sie ihre hilflose Situation und endlich hatte man Mitleid mit ihr. Morgen wird die Kupplung auseinandergebaut und gereinigt. Na also, warum nicht gleich so, meine Herren! Frauchen war zufrieden.

Wir verabschiedeten uns liebevoll, tröstend und tätschelnd von Felix Nr. sechs, wünschten ihm eine gute Nacht und versprachen ihm hoch und heilig, ihn morgen auch ganz bestimmt wieder abzuholen.

Samstag, den 8. März 1997

Frauchen bekam am Morgen im Bett von Herrchen einen Blumenstrauß geschenkt, weil heute ein Anlaßtag ist. Er heißt Internationaler Frauentag. Die Menschen haben komische Tage. Und die meisten weiblichen von ihnen haben sogar alle vier Wochen ihre Regeltage. Aber das ist kein Anlaßtag, das ist ein ganz anderes Thema, über das ich noch nicht sehr gut Bescheid weiß. Außer, daß mein Frauchen an solchen Tagen immer besonders heiß ist. Weil sie weiß, daß Herrchen nicht alle Triebe und Sünden von ihr verlangen kann. Frauchen nutzt deshalb ihre Tage genießerisch zum Kuscheln und Schmusen, ohne dem gewissen Erfolgsdruck ausgeliefert zu sein. Natürlich habe ich keine Ahnung, was darunter zu verstehen ist. Aber ich bin dabei, das rauszukriegen.

Nach seiner Pflichterfüllung zum Internationalen Frauentag verschwand Herrchen in Brunhildes Küche, um dort weiter zu tapezieren. Damit war seine gute Tat bei Frauchen als Ehemann abgehakt. Viel mehr kommt da nicht. Er wußte nicht, daß Frauchen ein bißchen traurig darüber war.

Vormittags ging Frauchen brav mit mir in den Park. Dort trafen wir Nicki. Ich war ziemlich laut zu ihm, falls er wieder mit zu uns nach Hause kommen sollte. Zum Glück passierte das nicht. Ich hatte wohl besonders gut gebellt, so daß Frauchen keine Lust verspürte, meine Hundeerziehung heute aufzubessern.

Nach dem Mittagessen wanderten wir mit Brunhilde zur Ernstquelle, die in einem Waldstück gelegen hinter Eisenberg liegt. Hier gibt es sehr schöne gepflegte Wanderwege. Die meiste Zeit konnte ich ohne Leine laufen, und die meiste Zeit erzählte Brunhilde alles mögliche. Auf dem Rückweg trafen wir Leute, die uns nette Fragen stellten. Ich stand ihnen höflich Rede und Antwort. Alle bewunderten mich. Ich fühlte mich wie ein »bunter Hund«. Kaum jemand ging achtlos an mir vorüber. Es störte mich auch kein bißchen.

Nur mein Frauchen wünscht sich an manchen Tagen eine Tarnkappe auf dem Kopf, denn es gibt hin und wieder Momente, wo sie nicht auf Schritt und Tritt angesprochen werden möchte. Schließlich muß sie ja alles für mich übersetzen, und manchmal haben wir es auch sehr eilig. Aber meistens kommt die gute Laune gerade deswegen wieder zurück, weil wir wegen meines unwiderstehlichen Charmes genauso unwiderstehliche freundliche Kontakte schließen.

Am Abend begleitete ich Frauchen noch zur Garage. Für den Rest des Tages war ich ziemlich fertig.

Montag, den 10. März 1997

Heute war ein komischer Tag. Irgend etwas lag in der Luft. Das spürte ich. Herrchen ging nicht auf Arbeit. Er hatte noch einen Tag alten Urlaub. Man sagte, er hat ihn extra meinetwegen aufgehoben, das fand ich seltsam. Mittags kam Frauchen. Das war normal. Ich bekam heute nichts zu fressen. Das war nicht normal. Aber irgendwie störte mich das gar nicht besonders.

Mein Rudel redete über mich. Sie sagten: »Nur gut, daß er nicht weiß, was ihm heute blüht.« Frauchen lenkte mich mit einem Spaziergang ab. Das war taktisch sehr klug von ihr, denn ich vergaß leichtfertig mein Mißtrauen, kaum daß wir aus dem Haus gegangen waren.

Nach unserem Spaziergang stiegen wir gleich ins Auto. »Hurra, wir gehen wandern!« dachte ich naiv. Nur ein kleines bißchen fiel mir auf, daß Frauchen so merkwürdig nervös war. Herrchen sagte: »Jetzt wird Gismo gleich geschlachtet!« Das sollte bestimmt ein guter Witz sein, denn Herrchen liebt trockenen Humor, besonders wenn es um mich geht.

Aber das hat bei ihm psychologische Ursachen. Daran haben wir uns inzwischen alle gewöhnt, und längst beachtet keiner mehr seine eifersüchtigen Sticheleien (selbstverständlich bis auf ein paar mütterliche Ausnahmen von Brunhilde). Ehe Herrchen etwas Liebes oder Tröstendes über mich sagen würde, bricht er sich lieber die Zunge ab. Frauchen kann davon ein Lied singen. Sie weiß zwar, er hat uns lieb, aber das muß uns auch schon genügen. Und so war ich in diesem Augenblick überhaupt nicht beunruhigt, denn meine ganze Hoffnung und Erwartung konzentrierte sich auf eine schöne ausgedehnte Wanderung.

In Gera stiegen wir endlich aus. Plötzlich, vor einer großen Glastür, kam mir ein scharfer beängstigender Geruch entgegen. Trotz Glastür war das nicht zu überriechen. Diesen Geruch kannte ich! Der stinkt! Den vergesse ich mein Leben lang nicht mehr. Den hasse ich!!! Ich zog unmißverständlich an der Leine zum Rückzug, denn mein Rudel wollte doch tatsächlich durch diese blöde Tür nach drinnen. Sie meinten es todernst, das erkannte ich zu spät.

Aus meinen Erinnerungen wußte ich nur zur gut, was sich hinter dieser Glastür befand, nämlich ein stinkendes häßliches abscheuliches großes Wartezimmer und ringsum kleinere, unheimliche Zimmerchen mit lauter gruseligen Weißkitteln darin. Diese erinnerten meine zarte unschuldige Hundeseele knallhart an moderne Schloßgespenster. Aber niemand half mir bei meinen Fluchtversuchen. Sogar Frauchen übersah streng meine Ambitionen. Sie nahm mich fest entschlossen auf den Arm, und trug mich unbeirrt hinein.

Wenigstens zitterten wir dann gemeinsam im Warteraum um die Wette. Ein großer Collie wurde ins Behandlungszimmer geschoben. Der hatte offenbar auch schlechte Erinnerungen an diesen Geruch, so wie der sich wehrte. Nun wartete ich mit einem kleinen Shi Tzu, der auf drei Beinen herumhüpfte und völlig locker wirkte, auf mein Urteil. Der Shi Tzu hatte eine Glasscherbe in der Pfote, und beim Tierarzt schien er bisher noch keine schlechten Erfahrungen gemacht zu haben. Dem wird das Lachen schon bald vergehen, dachte ich.

Nach dem Collie wurde ich aufgerufen. Die Spritze tat weh, bald schlief ich ein. Alles andere ging schnell, so jedenfalls empfanden es Frauchen und Herrchen draußen im Warteraum. Als die kleine OP vorbei war, durften sie zu mir ins Behandlungszimmer kommen. Frauchen erschrak über meinen reglosen Körper auf dem OP-Tisch. Aber der nette Tierarzt beruhigte sie, mein Puls wäre völlig in Ordnung. Am Zahnfleisch war keine Wunde zu erkennen. Da staunte mein Rudel. Die gutartige Wucherung kommt vom Knochen und ist bei einem Chihuahua sehr selten, erklärte der Tierarzt. Er hielt es für möglich, daß sie eines Tages wieder nachwächst. Herrchen bangte in gleichem Atemzug, er möge nicht Recht behalten, denn die Finanzierung meines Wehwechens erschien ihm äußerst belastend. Zumindest, was sein Bankkonto betraf.

Der Tierarzt glaubte übrigens die ganze Zeit, daß ich eine »Sie« bin. Nachdem er meinem Rudel die Verhaltensregeln für die nächsten Stunden erläutert hatte, berichtigte ihn Frauchen behutsam, um das Mißverständnis aufzuklären. Erst dann schaute er richtig nach. Zum Glück war bei dieser OP nicht wichtig, ob ich ein »Er« oder eine »Sie« bin.

Herrchen bezahlte die Rechnung. Sein Puls stieg plötzlich in die Höhe und seine Gesichtsfarbe war kaum noch zu erkennen. Frauchen beschwichtigte ihn mit den Worten: »Wichtig ist doch, daß sie unserem Gismo helfen konnten.« Herrchen tröstete das nur wenig, aber er hoffte, daß es eine einmalige Ausgabe bleiben würde, auch wenn seine Hoffnungen nur sehr klein waren. Ich jedenfalls hatte diesen Tierarztgeruch endgültig satt. Von mir aus kann Herrchen sein Geld ruhig besser anlegen, aber wer kann das schon voraus bestimmen.

Am frühen Abend ließ die Wirkung der Narkose nach. Bald bekam ich Hunger, obwohl ich immer noch auf sehr wackligen Beinen stand. Frauchen blieb hart. Herrchen schien sich von seinem Schock über die Tierarztrechnung inzwischen prächtig erholt zu haben. Er lästerte über meinen torkelnden Gang: »Gismo sieht aus wie Harald Juhnke!« Den kenne ich nicht. Aber ich hoffe, es war ein ehrenvoller Vergleich.

Dienstag, den 11. März 1997

Frauchen legte mir heute zwei Tabletten ganz weit hinten auf die Zunge. »Eklig! Pfui Teufel!« Beleidigt spuckte ich die Dinger immer wieder aus, bis Frauchen mir hartnäckig das Maul zu hielt. Da mußte ich wohl oder übel schlucken. Aber ansonsten habe ich keine weiteren Probleme damit. Als ob nichts gewesen wäre. Mein Appetit ist wieder umwerfend und mein Charme sowieso. Es geht mir wirklich gut.

Freitag, den 14. März 1997

Heute durfte ich Frauchen wieder beim Baden zusehen. Am liebsten wollte ich ja auch so ein Schaumbad ausprobieren. Aber Frauchen bat mich, artig auf meinem Aussichtsturm sitzen zu bleiben (hoch oben auf der Waschmaschine in einer knallroten Plastewanne). Das fiel mir sehr schwer. Wenigstens tat ich so, als ob ich Frauchens persönlicher Rettungsschwimmer sei. Dabei weiß ich noch gar nicht, ob ich überhaupt schwimmen kann. Na, egal, für mein Frauchen würde ich es in der Not ausprobieren.

Ihre Schaumspiele in der Badewanne gefielen mir diesmal besonders gut. Direkt auf meiner süßen Schnuppernase landete so eine Wolke aus knisterndem Schaum. Für einen Werbespot wäre diese Szene der absolute Renner gewesen! Bestimmt ließe sich mit dieser Idee mindestens ein gutes Geschirrspülmittel vermarkten, das besonders fein und besonders mild ist. Frauchen amüsierte sich jedenfalls großartig über meinen Anblick. Ich bringe sie gern zum Lachen, auch wenn es auf meine Kosten geht. Als Hund sieht man das nicht so verbissen.

Über die nackten Tatsachen soll ich diesmal nichts aufschreiben. Frauchen wollte das nicht. Ausdrücklich hatte sie mich darum gebeten mit einem ganz bestimmten Blick in ihren Augen, der keinen Schummel duldete. Also, was Frauchen mir alles zutraut! Ich bin erschüttert! Sie ging sogar so weit und sagte ernsthaft, von diesem Versprechen würde unsere gesamte Freundschaft abhängen. Dabei war Frauchen nur ein kleines bißchen verschämt. Weiter nichts! Das ist schon alles. Ich denke, es gibt schlimmere Fehler an ihr.

Abends war ich zum Umfallen müde, denn nachmittags waren wir gemeinsam einkaufen, machten eine Polizeirunde im Park und brachten Felix in die Garage. Auf dem Dachboden spielten wir anschließend atemberaubend »Ballfanger« beim Werfen gegen den Kleiderschrank.

Das war wieder ein glücklicher Hundetag.

Sonntag, den 16. März 1997

Es regnet und es ist wieder kalt. Ich mag nicht so gern rausgehen. Heute fiel sogar Schneeregen.

Ich leiste mir nun auch an den Wochenenden vormittags eine Mütze Schlaf. Bisher hatte ich immer darauf verzichtet aus Angst etwas zu verpassen, wenn Frauchen und Herrchen nicht auf Arbeit gehen müssen. Für die Menschen ist die Arbeit wohl sehr wichtig. Nur so können sie überleben. Ich verstehe nichts davon. Aber ohne die Arbeit der Menschen könnte ich auch nicht überleben, weil mir sonst niemand die Futter- und Tierarztkosten bezahlen kann.

Bei Brunhilde schlafe ich in der Woche vormittags bis zehn Uhr aus. Das leiste ich mir einfach.

Heute ging ich mit Frauchen im Regen Gassi. Ich bummelte lustlos an der Leine hinterher. Bald nahm mich Frauchen auf ihren Arm unter den großen Regenschirm. Das wurde aber auch allerhöchste Zeit. Ich genoß stolz die warme und trockene Aussicht hoch oben auf Frauchens Schultern, denn ich hatte mich aus ihren Armen noch etwas höher empor gearbeitet. Darin bin ich sehr anspruchsvoll.

Ohne daß es mir peinlich gewesen wäre, bemitleidete ich einen kleinen Dackel, der diesen »Service« mit seinem Frauchen nicht teilen durfte. Er bekam nasse Füße und einen nassen Bauch. »Armer Hund!«, konnte ich da nur sagen.

Leider trafen wir nicht noch mehr Hunde, die ich hätte bedauern können und die mich als Gegenleistung beneiden durften. Zu Hause schlief ich ganz lang, was meine Hundeeltern genossen. Später gingen wir zu Brunhilde spielen.

Montag, den 17. März 1997

Heute Vormittag habe ich mich übergeben. E-k-e-l-h-a-f-t! Die Menschen nennen so etwas auch »Kotzen«, »Würfeln« oder »Reihern«. Brunhilde hat mir tapfer beigestanden, ich sah wohl ganz schön elend aus.

Als Frauchen mittags nach Hause kam, ging es mir schon wieder besser. Leider regnete es draußen, so konnten wir nur in den Park laufen.

Dienstag, den 18. März 1997

Ich begrüßte Frauchen wie immer sehr erfreut. Dazu nahm sie mich hoch auf ihre Schulter, damit ich ihr die Ohren abschlecken konnte. So zeige ich ihr meine Freude am liebsten.

Aber heute nahm mich Frauchen etwas zu hoch oder vielleicht war meine Freude auch heute etwas zu groß – und da jedenfalls passierte es! Ich drohte in Sekundenschnelle abzustürzen. Blitzschnell griff Frauchen nach meinem wunderschönen Schwanz, und so konnte sie mich ganz sachte, stufenweise – Griff um Griff, in den weichen Sessel fallen lassen.

Das gelang ihr zwar sehr gut, aber es tat auch sehr sehr weh, was mich betraf. Ich fühlte mich zunächst für etwas bestraft, was ich als Rettungsaktion nicht sofort einzuordnen wußte und zeigte Frauchen meine Demutshaltung. Erst nach einer Stunde hatte ich das schockierende Erlebnis vergessen.

Samstag, den 22. März 1997

Die ganze Woche hat es fast nur geregnet und zum Frühlingsanfang sogar geschneit. Es ist weiterhin kalt.

Heute Morgen trafen wir Nicki im Park. Er war ganz allein. Ich begann gleich ein aufgeregtes Bellkonzert. Das muß Nicki wirklich sehr beeindruckt haben, denn er ignorierte doch tatsächlich mein Frauchen. Dabei hat er sie sonst immer vor lauter Freude fast umgeworfen, natürlich in Erinnerung an die schönen alten gemeinsamen Zeiten. Bla, Bla, Bla... Bei meiner Größe schaffe ich das nie! Da kann ich mich noch so sehr anstrengen, Frauchen fällt einfach nicht um.

Trotzdem ließ sie diesen Nicki an ihrer Hand schnüffeln. Mal sehen, vielleicht erinnert er sich dann wieder an sie, hoffte Frauchen. Ich beobachtete das Ganze mit Wut im Bauch. »Sie kann es einfach nicht lassen! Ich bin auch noch da!«

Doch es geschehen noch Zeichen und Wunder. Dieser Nikki knurrte mein Frauchen an. Mhm-mmm, das zerschmolz in meinen Ohren wie Leberwurst! »Brav, Nicki, langsam wirst du mir sympathisch!« Zu mir meinte Frauchen derweilen beleidigt: »Das macht er nur, weil du ihm mit deinem Gebell auf die Nerven gehst!«

Das ist typisch, sie gibt mir die Schuld, und zum Dank gehorche ich ihr aufs Wort, wie sich das für einen gut erzogenen Hund gehört. In Wirklichkeit stellte ich mich aber einfach nur dumm. Denn insgeheim dachte ich uneinsichtig: Was kann ich dafür, daß der Nicki keine Nerven hat!

Frauchen wußte selbstverständlich auch ganz genau, was Nicki jetzt über mich dachte: »Dieser kleine Zwerg, immer muß er so laut sein! Mir reicht es noch, als ich ihn das letzte Mal zu Hause besucht habe. Mit so einem Schreihals will ich nichts mehr zu tun haben!!!« Diesen Wunsch konnte ich dem Nicki Kicki leicht erfüllen, denn ich hatte erreicht, was ich wollte. Mein Frauchen gehörte mir wieder allein.

Nicki verließ uns klugerweise in Richtung Heimat, ohne sich weiter um uns zu kümmern. Sehr vernünftig. Frauchen wird es überleben. Sie hat jetzt mich, und das muß ihr genügen. Und wenn nicht, dafür sorge ich schon! An Einfällen soll es mir nicht fehlen.

Montag, den 24. März 1997

Heute war ich sehr mutig. Als ich mit Frauchen vom Park zurück kam, mußten wir am großen Tor mit dem gefährlichen Rauhaardackel vorbeigehen. Und tatsächlich, das kleine Monster kläffte und fletschte die Zähne aus Leibeskräften, wie immer. Aber dieses Mal zerrte ich mein Frauchen nicht wie gewöhnlich an der langen Leine hinterher, so daß sie fast mit ihren Füßen vom Boden abzuheben drohte. Nein, ich wußte etwas viel Besseres!

Ich blieb einfach stehen. Und es war g-a-n-z leicht.

Aber das war noch nicht alles. Mutig bellte ich dem Angeber in höchsten Tönen zurück, was ich zu geben bereit war. Und ich hörte erst damit auf, als ich eindeutig das a-l-l-e-r-l-e-t-z-t-e Wort hatte. Das hatte ich mir bisher nur bei Nicki getraut. Na bitte, es klappt doch auch bei anderen Hunden! Ich war sehr stolz auf mich. Das werde ich jetzt öfter ausprobieren.

Frauchen wußte nicht, ob sie mich bewundern oder bestaunen sollte. Vielleicht glaubte sie für einen Moment an ein rätselhaftes Wunder, weil ihr winziges Hündchen so viel Mut zeigte. Diesen Titel verleihe ich mir ausnahmsweise einmal selbst, denn es ist ja in diesem Zusammenhang keine Beleidigung für mich.

In den leuchtenden Augen von Frauchen war auch ein verschmitztes Lächeln zu erkennen. Was immer das zu bedeuten hatte, ich hielt es für sehr unwichtig und dachte nicht weiter darüber nach.

Zu Hause verlor Frauchen leider ihr schönstes Lächeln sofort wieder, denn sie bekam eine ernstzunehmende Krise. Sie beneidete Herrchen als Mann und fühlte sich als Hausfrau von ihm ausgebeutet, zerrissen und innerlich ausgebrannt. Herrchen ist ihr zwar in vielen Dingen behilflich (und in der Statistik aller Ehemänner dürfte er lobenswert weit vorne liegen), aber vieles erledigt er nur durch ewige Befragungen und Erklärungen, die schon einen soooo langen Bart haben! Allmählich beginnt sich Frauchen zu fragen, ob er wirklich so dumm ist, wie er tut, denn selbständiges Handeln liegt ihm fern. Oft sieht Herrchen den Wald vor lauter Bäumen nicht. Mit der geballten Hochschulreife seines theoretischen Wissens erklärt er ihr jedes Mal, das stehe ja nicht ausdrücklich auf seinem Aufgabenzettel. Darüber ärgert sich Frauchen am meisten.

Ob er sie wirklich liebt? Frauchen stellt sich oft diese Frage. Die meisten Frauen tun das. Und die meisten Frauen reden mit ihren Männern nicht darüber, weil sie es nicht können, weil sie sich schämen oder weil sie es einfach als gegeben akzeptieren.

Frauchen ging es genauso, bis sie eines Tages den Mann als solches in einem sensationellen Buch w-i-r-k-l-i-c-h entdeckte! Als sie das Buch gierig bis zum Ende durchgelesen hatte, fiel sie in ein großes schwarzes Loch. Die Tränen kullerten ihr nur so aus den Augen. Alles, was sie von Jahr zu Jahr verdrängt hatte, stellte sich jetzt als völlig normal heraus! Das gab und gibt es in jeder Beziehung – bis auf Ausnahmen natürlich. Bisher hatte Frauchen den heimlichen Wunsch nach mehr Geborgenheit wie ein Geheimnis gehütet. Am liebsten wollte sie all die unbekannten unzähligen Frauen umarmen, denen es im Verborgenen genauso erging, die es aber längst aufgegeben hatten, ihre unglückliche Beziehung mit neuem Feuer zu entfachen. Bisher hielt es Frauchen selber für unmöglich, aber jetzt hatte sie eine andere Einstellung gefunden.

Ich will versuchen, es mit meinen Worten zu erklären:
Die Frauen müssen die Männer führen. Sie dürfen nicht darauf warten, bis den Männern einfällt, was Frauen brauchen, denn dann warten sie garantiert umsonst. Männer haben nicht die geringste Ahnung, wie tief sie eine Frau in der Seele kränken können durch Unaufmerksamkeiten, Forderungen und mangelndes Verständnis. Für eine Frau ist es wiederum sehr schwer zu begreifen, daß es die Männer nicht absichtlich tun. Sie sind zwar schuld, aber sie tun es nicht mit Absicht. Männer sind anders als Frauen. Sie lieben anders, sie denken anders und sie handeln anders.

Dieser Unterschied zwischen Mann und Frau ist das größte Abenteuer, auf das sie sich einlassen. Der Ausgang ist unsicher. Gibt es ein Happy End nach dem Verliebtsein? Das ist eine hohe Kunst, für die es nirgendwo auf der Welt eine Menschenschule gibt.

Frauchen möchte jedenfalls eine gerechtere Aufteilung, sozusagen ein Hand in Hand. Unzählige Aufmerksamkeiten sind für einen Mann darin verborgen, aber Männer sind blind.

Frauchen möchte ab und an verwöhnt werden, sozusagen als Belohnung für die tausend Idiotenarbeiten, denn dafür scheint sie am besten geeignet zu sein. Oder noch einfacher gesagt: Alle Frauen wollen ein Stückchen Pretty Women, Dirty Dancing, einen Pferdeflüsterer – oder mich!

Da mein Frauchen das aber schon lange nicht mehr bekommen hat, mich natürlich ausgeschlossen, platzte ihr heute der Kragen, und sie entlud sich hemmungslos bei einem mittelgroßen Wutanfall. Dieser gefiel ihr zwar selber nicht, aber es tat unheimlich gut. Danach ging es Frauchen besser, denn sie hatte Dampf abgelassen, wie man unter den Menschen so schön sagt.

Ich ging lieber für eine Weile in Deckung, weil ich mir nicht ganz sicher war, wem denn nun wirklich das Donnerwetter gewidmet war, Herrchen oder mir? Meistens ist Herrchen damit gemeint. Trotzdem erschrecke ich mich immer mit ihm oder – für ihn mit?

49

Na, egal, denn ehe ich mich versah, hatten sich meine beiden schon wieder versöhnt. Frauchen spielte Schmusekatze, und Herrchen war der starke Bär zum Anlehnen.

Komischerweise braucht Herrchen jedesmal erst so ein symbolisches Gewitter, bevor er bereit ist, diese liebenswerte Rolle zu spielen. Bei ihrem Versöhnungsspiel war ich selbstverständlich nicht abzuwimmeln, d. h. ich nahm mir einfach die Freiheit, dabei zu sein. Und zwar als Spielverderber!

Na, ansonsten könnte man doch glatt eifersüchtig werden beim Zuschauen. Obwohl ja Katzen und Bären nicht so meine Welt sind. Aber bei Frauchen und Herrchen sah das gar nicht mal so schlecht aus.

Mittwoch, den 26. März 1997

Heute regnete es mal nicht. Endlich ist es wieder frühlingshaft. Frauchen meinte, ich bin heute besonders aufgeweckt mit ins Tal gewandert. Meistens muß sie mich immer ein paarmal dazu bitten, weil ich lieber umkehren will. Aber heute zeigte ich ihr davon keinerlei Anzeichen.

Vielleicht sind die Frühlingsgefühle daran schuld. Ich weiß es nicht genau. Mutig lief ich vorne weg. Beschnüffelte sogar die Wiesen am Rande des Baches und drehte meine verrückten vergnügten Runden. War das schön!

Zuvor trafen wir noch einen Dackelwelpen. Sein Herrchen nahm ihn nicht an die Leine. Mein Frauchen tut das immer. Jedenfalls bellte ich dem neugierigen Dackelkind einen gehörigen »Marsch«. Nur Frauchen wußte, daß ich das aus lauter Angst tat. Die langen herunterhängenden Dackelohren sahen aber auch sehr gespenstisch aus, direkt zum Fürchten.

Auf dem Rückweg trafen wir unsere lieben Nachbarn. Ein älteres Ehepaar. Sie erkennen meine reizende Stimme, wenn ich zu Hause auf dem Hof meinen Grund und Boden verteidige. So z. B. vor Katzen oder Geräuschen, die ich wegen der hohen Mauer vom Hof aus nicht sehen kann, aber selbstverständlich höre und rieche. Ich wurde von unseren Nachbarn nett begrüßt und durchgeknuddelt. Fast geriet ich in eine Hypnose.

Am Nachmittag hatte ich eine sehr schwierige Entscheidung zu treffen. Sollte ich lieber einen Kuchenkrümel vernaschen oder Herrchen begrüßen? Am liebsten wollte ich beides. Da war guter Rat teuer. Angestrengt dachte ich darüber nach, doch es mußte schnell gehen.

Schließlich aber bekam ich doch noch alles tierisch klug unter einen Hut. Blitzschnell landete ich zunächst auf Frauchens Schoß, um den heiß begehrten Kuchenkrümel zu erwischen: »Mhmmm, lecker dieser Bäcker!« Ab und zu fällt mir wirklich ein guter Reim ein. Dann folgte die zweite Hürde meines Plans. Mir blieb noch genügend Zeit um Herrchen willkommen zu heißen, denn so wie ich den kannte, hatte der sich bestimmt noch nicht verkrümelt. Braves Herrchen!

Ostersonntag, den 30. März 1997

Kurz vor Ostern hat es ein bißchen geschneit, und am Karfreitag und am Samstag störten viele Regenschauer die Feiertage und unser Gassi. Größere Wanderungen konnten wir leider nicht unternehmen.

Heute zum Ostersonntag bekamen wir ganz viel Besuch. Ich freute mich riesig und durfte es allen zeigen. Frauchens große Schwester Renate verspätete sich mit ihrer Familie. Wir hinterließen für alle Fälle einen Zettel an der Haustür, damit sie das Mittagessen und unsere Gaststätte finden würden. Zum Glück waren sie inzwischen dort angekommen, noch bevor mein Rudel selbst eintraf. Frauchen hatte die Gaststätte mal in einem Telefongespräch nebenbei erwähnt.

Ich mußte leider im Auto warten. Aber nach dem Mittagsschmaus ging es endlich mit allen zum Osterspaziergang.

Heute hatte ich ein großes Rudel zu beschützen. Elf Menschen! Ohne Leine hielt ich sie hoch motiviert wie eine Herde Schafe unter Kontrolle. Sie gaben mir auch allen Grund dazu. Eine sumpfige Wiese bereitete meiner Hundeseele besonderen Spaß. Die Zweibeiner dagegen stolzierten wie Stör-

Das sind Christine und Frank, unsere Ferienkinder. Wenn sie da sind, bin ich den ganzen Tag über beschäftigt. Puh, ganz schön anstrengend!

che über das glitschige Ostergras. Mir machte das überhaupt nichts aus. Im Gegenteil, ich wurde ganz wild von dem nassen Zeug.

Später regnete es leider so stark, daß mein Rudel sich beeilen mußte, ins Trockene zu kommen. Es gab nur zwei Regenschirme in der Gruppe und das war für die wasserscheuen Geschöpfe unter den Menschen einfach zu wenig. Obwohl alle ziemlich naß wurden, behielt jeder seine gute Laune, trotz verschlammter Schuhe und bespritzter Hosenbeine.

Zu Hause gab es Frauchens leckeren selbstgebackenen Kuchen. Eigentlich war ich hundemüde, aber ich wollte auf keinen Fall etwas verpassen. Nur hin und wieder fielen mir unkontrolliert die schweren Äuglein zu. Ansonsten genoß ich meine Daseinsberechtigung im Rudel und alle waren sehr lieb zu mir. Als sie sich von uns verabschiedeten, stellte ich mir die bewegende Frage, wo mögen sie nur alle wieder hingehen?

Die zwei Kinder Frank und Christine sind bei uns geblieben. Ich kenne sie mittlerweile sehr gut, und ich mag ihre Spiele. Frauchen gönnt mir dieses kleine »Fremdgehen« großzügig. Denn im Grunde erfreut sie sich an meinen immensen Bemühungen, bei den Kindern immer im Mittelpunkt stehen zu wollen. Vor allem im Sexualkundeunterricht bin ich unschlagbar! Da bekomme ich bei den Kindern sehr viele Pluspunkte. Allerdings erinnert mich die Rolle auch hin und wieder an einen Pausenclown. Aber das muß ich nicht persönlich nehmen. Ich bin schließlich ein Hund.

Hauptsache, den Kindern gefällt's, und ganz nebenbei lernen sie vielleicht noch etwas fürs Leben. Natürlich gebe ich bei vielen anderen Themen auch den Ton an. Frank und Christine gehorchen mir aufs Wort. Brave Kinder.

Montag, den 31. März 1997

Ich ging mit Frauchen die Kinder wecken. Dabei zeigte ich viel Freude und Liebe, als ich ihre Gesichter munter lecken durfte. Den Waschlappen benutzten sie sowieso nie. Da habe ich genau aufgepaßt. Aber psch-scht, das darf ich nicht verraten!

Der Ostersonntag ist vorbei, und wir hatten himmelblaues Wetter. Gleich nach dem Mittagessen fuhren wir nach Gera in den Tierpark. Dort trafen wir ganz viele Hunde, und ich benahm mich sehr unauffällig. Aus den Tierparktieren machte ich mir nichts, da schnupperte es auf den Besucherwegen viel interessanter.

Frauchen stellte sich andauernd die unbequeme Frage, ob all die vielen Zoos, Tierparks und Tiergärten denn wirklich notwendig sind. Die meisten Menschen glauben, Tiere haben kein Glücksgefühl und es wäre ihnen egal, ob sie in Freiheit leben oder nicht.

Die Menschen machen es sich einfach, sie trösten sich mit Alternativen wie artgerechter Tierhaltung oder den angeblichen Bemühungen danach. Damit beruhigen sie ihr schlechtes Gewissen. Weiter nichts.

Übrigens kann ich bestätigen, daß Tiere sehr wohl ein Glücksgefühl haben, und was für eins! Ich war gerade so einem heißen Glückshormon auf der Spur. Ganz aufgeregt zog ich Frauchen an der Leine vorwärts: »Frauchen, hier an diesem Strauch war eine besonders gut riechende Hundedame. Mhm-mmm, die hat Tem-mpera-ment!« Mein Frauchen leider ebenfalls, denn sie zog mich unsanft vorüber ohne ein einziges Mal stehen zu bleiben.

Wie man sieht, war meine Freiheit auch nicht immer grenzenlos. Darüber sollte Frauchen viel öfter nachdenken, als über diese fremden Tiere. So schlecht geht's denen doch nun wirklich nicht in diesem schönen großen Park.

Zur Kaffeezeit waren wir wieder zu Hause. Frauchen und Herrchen mußten nachträglich noch das Geschirr vom Mittag abwaschen, während die Rudelkinder aufmerksam den Kaffeetisch deckten. Dann spielten die Menschen ein Gesellschaftsspiel.

In dieser Zeit konnte ich beruhigt ein paar Minuten schlafen. Auch wenn es ab und an sehr laut zuging, weil gerade ein Spieler ein Hotel gewann, ein anderer nicht die Miete bezahlen konnte und wieder ein anderer ein Vermögen in nur wenigen Sekunden an die Bank verlor. Oder, was noch viel schlimmer war, an einen glücklichen Mitspieler. Begeisterung, Proteste, Buhrufe und ein paar kleine Kullertränen – alles wirbelte bei diesem Spiel durcheinander.

Kein Wunder, daß Frank davon schlimme Kopfschmerzen bekam und sein Nacken wie bei einem Gewichtheber zu schwitzen anfing. Vorsichtshalber legte er sich auf die kleine Couch. Nachdem ich ein paarmal seinen Bauch mit meinen stolzen zweieinhalb Kilo kunstvoll flach getreten hatte, verspürte er plötzlich das dringende Bedürfnis sich übergeben zu müssen. Keiner fand diese Idee besonders toll.

Frank schaffte es gerade noch bis in die untere Etage, als ihn der erste Würgausbruch überraschte. Dann noch einmal ein Stückchen weiter bis kurz vor die Toilettentür, und dann traf er endlich ins vorgesehene Ziel hinein. Immer knapp am Teppichläufer vorbei. Frauchen sagte, als sie die gut verteilte Bescherung sah, Frank hat so viel »gereihert« bzw. »gewürfelt« wie ein Elefant. Beim Saubermachen mußte Frauchen ihrem Magen permanent gut zureden, damit er Frank nicht nacheiferte.

Frank ist mit seinen dreizehn Jahren bereits größer als Frauchen und Herrchen, d. h. weit über 1,75 Meter und auch fast so breit wie Herrchen und Frauchen zusammen. Aber sein Gewicht verrät er uns unter gar keinen Umständen. Da helfen auch keine Bestechungsversuche.

Jedenfalls hat mein großer starker Freund Hände wie Bud Spencer, doch ich werde von ihnen behutsam gestreichelt, geliebt und gehätschelt.

Frank war nach seinem Magenauswurf auf der Stelle wieder gesund. Wir waren uns einig, einen Elefanten wirft nicht so schnell etwas um. Trotzdem bekam er zum Abendbrot vorsichtshalber nur Zwieback. Das schnurpste in seinen Hamsterbacken wie bei einem Osterhasen.

Ich bin stolz darauf, so einen Freund als Bodyguard zu haben. Ein bißchen Elefant, ein bißchen Schmusebär – von allem was.

Samstag, den 12. April 1997

In den Osterferien hatte ich keine Langeweile. Die Ferienkinder spielten rund um die Uhr mit mir. Ich konnte mich nicht beklagen. Am Mittwoch waren wir mit Frank und Christine den ganzen Nachmittag im Tal. Dort durfte ich auf dem Sportplatz herumtoben und kleinen und großen Bällen hinterherjagen. Das war eine Freude!

Am Donnerstag ging es ins Mühltal. Für mich gab es eine Karussellfahrt auf dem Kinderspielplatz. Die Kinder spielten Tischtennis und Federball. Zwei Schaukeln bereiteten ihnen auch sehr viel Spaß. Am Freitag durfte ich mit zum Einkaufen fahren. Während im Supermarkt das Taschengeld ganz schnell alle wurde, bewachte ich unseren Felix Nr. sechs. Die Kinder waren nun pleite, aber Frauchen war ausnahmsweise noch nicht pleite. Somit konnte sie jedem Kind bei Mc Donald's eine Juniortüte spendieren mit einem Waffeleis vorneweg. Frank und Christine waren glücklich, mit so einer tollen Tante verwandt zu sein.

Im Auto genoß ich währenddessen die Mittagspause, denn die Kinder machen sehr müde. Aber ich liebe sie bis über beide Chihuahuaohren. Ich teile auch sehr viele Geheimnisse mit ihnen.

Abends nehmen sie mich immer brüderlich mit nach unten zu Brunhilde ins Wohnzimmer. Dort gibt es alles zu naschen, was Kinderherzen begehren. Frank und Christine brauchen nur mit dem kleinen Finger zu schnipsen, und schon werden sie anstandslos von Brunhilde bedient. Brunhilde genießt ihre Rolle als Ferienomi zweier Naschkatzen. Manchmal verstecken sie ein paar süße Leckerli in Brunhildes Strickkörbchen, wenn Herrchen seine regelmäßigen Kontrollgänge machen kommt. Er ist der Meinung, man sollte mit den Süßigkeiten nicht übertreiben. Brunhilde kann immer schlecht Nein sagen.

Kaum verschwindet Herrchen wieder aus dem Zimmer, stopfen sich die Kinder kichernd und schamlos die Backen voll. Aber ich habe ihnen versprochen, sie niemals zu verra-

So, so, eine Karusselfahrt finden die Kinder also lustig. Na, ich will kein Spielverderber sein. Trotzdem möchte ich gern mal wissen, wo hier die Stelle zum Lachen ist?! He?!

ten. Nur meinem Tagebuch vertraue ich dieses Geheimnis an, zur Erinnerung.

Montag, den 14. April 1997

Leider haben uns die Ferienkinder schon nach einer Woche wieder verlassen. Frauchen und Herrchen hatten viel aufzuräumen und sauberzumachen, denn alle Zeit gehörte den Rangen. Nun rufen wieder die Pflichten eines Hauses mit drei Etagen und alles was sonst noch so liegengeblieben war.

Heute hat uns Frauchens ehemalige Kollegin aus Saalfeld mit ihrer Familie besucht. Ihre achtjährige Tochter ging mir ziemlich auf den Keks, sie glaubte wohl, ich wäre eine Spielpuppe. Immer hatte sie etwas an mir herumzuzupfen, herumzurutschen und sogar herumzutragen. Außerdem näherte sie sich stets von hinten, und das mögen Hunde überhaupt nicht gern. Aber wie gesagt, ich war so eine Art Babypuppe für das Mädchen, und ich haßte mich in dieser Rolle! Frauchen konnte mir nur selten beistehen, ein paarmal flüsterte sie tröstend in meine süßen Chihuahuaohren: »Halte aus Gismo, es sind nur die paar Stunden!«

Aus den paar Stunden wurde eine Ewigkeit. Erst am Abend gegen neun verdrückte sich unser Besuch endlich wieder, und ich fiel todmüde um. Es ist fast ein Wunder, daß ich noch am Leben bin.

Herrchen und Frauchen bewältigten noch zu später Stunde den großen Abwasch vom Kaffee und vom Abendbrot. Der höchste Berg der Welt war nichts dagegen! Die Küche glich einem Chaos, es schien bärenstarke Kräfte zu kosten, um all das Durcheinander wieder zu beseitigen. Herrchen und Frauchen stöhnten unter der Last und sehnten sich nach einem baldigen Feierabend als Küchenpersonal. Natürlich schafften sie es mit vereinten Kräften. Ab und zu beneideten sie mich als Hund. Das war unverschämt, denn eigentlich hätte ich es verdient, nach so einem anstrengendem Tag von ihnen bedauert zu werden. Aber das war wohl zu viel verlangt.

Die Menschen glauben immer, daß sie es am schwersten haben. Darin übertrumpfen sie sich gegenseitig. Wir Hunde sind zufrieden, so wie es ist.

Nun aber zu einem ganz anderen Thema, welches ich sehr wichtig finde:

Seit Ostern benötige ich nicht mehr das Katzenklo für die Nacht. Dieses Datum ist historisch. Auch für Frauchen. Sie muß jetzt jeden Morgen mit mir auf den Hof gehen. Die Nacht ist gerade zu Ende, wenn es für sie heißt: Morgenstund hat Gold im Mund.

Heute trafen wir Frauchens Hausarzt. Er hatte Frauchen vor Jahren heldenhaft das Leben gerettet. Frauchen wußte sich damals mit ihren Schmerzen keinen Rat mehr. Ärzte und Arbeitskollegen stellten sie als Simulantin hin. Nur Dr. F. nicht, er bewies sogar Rückgrat gegen die Obrigkeit!

»Dr. F., der Arzt, dem Frauchen vertraut!« Diese Losung posaunt Frauchen gern für ihn in die Welt hinaus. Auch wenn es sehr nach einer berühmten Fernsehserie klingt, die es übrigens wirklich gibt. Unser echter Dr. F. hielt extra mit dem Wagen an, um uns zu begrüßen. Er fand mich ausgesprochen liebreizend und gehörte somit zu den Menschen, die nicht achtlos an mir vorübergehen können bzw. – und das ist noch höher anzurechnen! – nicht achtlos an mir vorüber f-a-h-r-e-n. Das muß man sich wirklich auf der Zunge zergehen lassen. Ich zeigte mich vorsichtshalber trotzdem von der ängstlichen Seite, denn Hausärzte riechen genauso unangenehm wie Tierärzte. Da kann Frauchen noch so gute Erfahrungen mit Dr. F. gemacht haben. Ich höre lieber auf mein inneres Gefühl.

Am Abend kamen uns Tante Christel und ihre Tochter Friederike besuchen. Beide sind schon erwachsen. Ich begrüßte Tante Christel mit einem Rekordsprung auf den Schoß. Aber eigentlich hatte ich sie nicht in Brunhildes Sessel erwartet, denn ich mußte mit Erschrecken feststellen, daß ich diese Tante überhaupt nicht kannte! Das war ja entsetzlich! Wieso durfte die in Brunhildes Sessel sitzen?! Ich war total von den Socken, obwohl ich ja so etwas nie trage. Aber dafür kenne ich den Duft von Herrchens Strümpfen um so besser.

Ich hatte mich so sehr über diese Tante Christel erschrokken, daß ich schleunigst versuchte, hinter Frauchens hübschen Beinen ein sicheres Versteck zu finden, um dann aus sicherer Position einen äußerst mißtrauischen Blick hindurchzuwagen. Immer auf der Hut vor einer noch größeren Gefahr.

Frauchen findet ihre Beine immer zu kurz und zu dick. Also ich war in dieser Situation direkt froh darüber. Als Schutzmauer waren sie genau richtig! Natürlich ist das Kompliment nicht so wörtlich zu nehmen. Auf mein Frauchen lasse ich nichts kommen! Nach »ihre Beene« ist sogar mein Herrchen verrückt. Das behaupte ich mal einfach so, denn sagen kann er ihr so etwas natürlich nicht, aber denken tut er es bestimmt. Z. B. immer dann, wenn sie verführerisch unter der Bettdecke hervorschauen.

Jedenfalls blieb ich hinter Frauchens Beinen wie festgeklebt, wohin sie sich im Zimmer auch bewegten. Gismo konnte mit jeder Klette konkurrieren!

Bald nahm mich Frauchen wieder mit nach oben in die Wohnung, wo meine Welt noch in Ordnung ist. Später saß Brunhilde wie gewohnt in ihrem Sessel, da war ich endgültig beruhigt.

Heute hatte Herrchen meinen allerersten Holzbock entdeckt. Frauchen entfernte die Zecke fachmännisch mit der Zange. Diese Übung beherrscht sie ganz gut, denn sie konnte ja früher an ihrem Ferienhund Nicki Kicki oft genug trainieren. Der hatte immer eine ganze Armee davon. Na ja, oder wenigstens fast.

Herrchen ist froh, daß es sich »ausgenickelt« hat. Das kann man gar nicht oft genug aufschreiben, denn ich fühle mich dabei ganz eins mit Herrchen, und das kommt nicht so häufig vor. Meistens ist er etwas eifersüchtig auf Hunde, weil Frauchen mit Herrchen nicht so viel Geduld hat. Und das versteht Herrchen nicht.

Vielleicht ist er nur nicht so lieb und so hübsch wie ich. Genau, daran könnte es liegen. Aber wenigstens ist Herrchen sehr gehorsam, da kann ich mir noch eine Scheibe von ihm abschneiden. Jedoch im Ablecken bei Frauchen bin ich besser als er! Und das mit einem R-iiiiiie-senabstand!!!!!

Mittwoch, den 16. April 1997

Heute war der schlimmste Tag meines Lebens. Schlimmer als alle bisherigen Tierarztbesuche je zusammen. Und es wird niemals einen noch schlimmeren Tag als diesen einen Tag geben. Das weiß ich schon heute mit ganz großer Sicherheit. Nur gut, das alles bereits vorbei ist, so kann ich wenigstens mit einer großen Erleichterung darüber schreiben, denn manchmal gibt es das Happy End auch im richtigen Leben. Ich habe es selbst erlebt!

Alles begann damit, daß Frauchen mit mir am Nachmittag in den Schloßpark ging. Dort spielte der kleine freche Yorkshire Billi mit einem anderen Hund. Frauchen ließ sich von seiner geringen Größe täuschen und meinte, das wäre genau der richtige Spielkamerad für mich. Aber auch unter kleinen Hunderassen ist gleiches und gleiches nicht immer das Gleiche.

Dieser Billi schnappte sich von Anfang an die böse Rolle des Jägers, und ich mußte den jämmerlichen Hasen spielen. Zunächst ging alles gut. Ich rannte nicht auf und davon, wie Frauchen heimlich befürchtet hatte. Nein, im Gegenteil, ich kehrte alle zehn, zwanzig oder dreißig Runden – ich weiß nicht mehr genau, wie viele es wirklich waren – schön brav zu meinem Frauchen zurück. Immer und immer wieder. Runde für Runde. Das tat ich aber nur, weil ich Angst hatte stehenzubleiben und das Spiel einfach mutig umzudrehen.

Frauchen durchschaute meine Gedanken, aber sie konnte mir jetzt nicht mehr helfen. Dafür war es zu spät. Sie hoffte, Billi würde von alleine aufhören, mich zu jagen. Doch der dachte überhaupt nicht daran, obwohl ich eindeutig schneller war als er.

Da bekam ich einen rettenden Einfall, wie ich diese aufdringliche »Schmeißfliege« los werden könnte. Meine Runden wurden auf einmal größer und größer. So riesengroß letztendlich, daß ich mich plötzlich am Parkausgang befand. Dieser Billi folgte mir noch wie eine Klette bis zum Parktor, aber weiter traute er sich nicht. Doch ich traute mich! Und wie! Nichts konnte mich aufhalten. Ich rannte um mein Leben. Bloß weg von hier! »Keine Angst, Frauchen, ich kenne den Weg! Bis später!«

Leider konnte Frauchen nicht hören, was ich in diesem Moment panikartig dachte, denn sie verlor mich aus den Augen. Ich verschwand spurlos, wie vom Winde verweht. Meine Richtung vermochte Frauchen nicht mehr auszumachen, denn es gab drei Möglichkeiten: Geradeaus, nach links oder nach rechts. Frauchen war ratlos.

Zwei Kinder aus der Nachbarschaft halfen ihr beim Suchen, sogar Billi und sein Herrchen. Frauchen rannte erst Mal nach Hause, in der Hoffnung, mich dort anzutreffen. Aber der Platz vor der Haustür war leer. Fast wäre Frauchen bei diesem Anblick wie ein Taschenmesser zusammengeklappt, denn normalerweise hätte ich mich für diesen Weg entscheiden müssen. So deutete alles darauf hin, daß ich kein normaler Hund war, sondern kopflos und ohne Ziel irgendwohin gerannt bin.

Was Frauchen jedoch in diesem Moment nicht ahnen konnte, ich war nämlich schon längst wohlbehütet im Haus. Nur wußte niemand etwas davon.

Gerade als ich in meiner Todesangst an der Haustür angelangt war – ich bin eben doch ein normaler und vor allem kluger Hund! –, öffnete Brunhilde zur rechten Zeit die Tür, um die Reklamezeitungen aus dem Briefschlitz herauszunehmen. Von meiner Existenz bekam sie nichts mit. Dann verschwand sie wieder im Haus und ich auch. Tür auf, Tür zu, und schon war der liebe Gismo drin. Ich rannte in die obere Etage. Mein Herz pochte so laut wie bei einer Buschtrommel. Hoffentlich hört es keiner, dachte ich vor Scham.

Frauchen suchte inzwischen mit hochroten Ohren draußen auf der Straße weiter nach mir. Ihre Wangen glühten, ihr Herz raste, und ihr eleganter schwarzer Mantel wehte schwungvoll im Wind – wie bei Graf Dracula. Sie fragte alle Leute, die sie traf, aber niemand hatte mich gesehen. Das war schon ein bißchen merkwürdig. Viele dumme Gedanken schossen ihr durch den Kopf, es war die Hölle für Frauchen.

Vielleicht rannte ich noch immer um mein Leben? Oder ich hatte mich irgendwo versteckt. Wie sollte sie mich da jemals finden?! Oder ich gefiel einem anderen Menschen so gut, daß er mich einfach mitnahm? Alles konnte möglich sein.

Frauchen schickte die Kinder zur Garage hinunter. Dort könnte noch eine Möglichkeit sein, wo man mich findet. Sie selbst rannte derweilen wieder nach Hause, um sich sportlicher einzukleiden, damit sie besser nach mir suchen kann. Die Haustür war inzwischen aber verschlossen. Frauchen stutzte. Sie wollte sich eigentlich ins Haus schleichen, jetzt mußte sie klingeln.

Brunhilde öffnete ihr die Tür. Beim Eintreten ins Haus beichtete Frauchen Brunhilde alles, was passiert war. Gerade als sich Brunhilde von Frauchens Panik anstecken lassen wollte, sagte sie plötzlich wie versteinert: »Na, da oben an der Treppe sitzt doch der Gismo!«

Und tatsächlich, ich saß leibhaftig da und lebendig zugleich. Frauchen starrte mich an wie eine Fata Morgana und Brunhilde verstand überhaupt nichts mehr. Nur ein bißchen komisch hatte sie mein Frauchen von der Seite aus betrachtet, als ob ihre Schwiegertochter soeben wirres Zeug erzählt hatte. Vielleicht hatte Brunhilde auch ein bißchen Sorge, es könnte ansteckend sein.

Frauchen fiel ein riesengroßer Stein vom Herzen. Alle Anspannung löste sich in diesem Moment. Ein Wunder – ein Alptraum – ein einfaches Gott-sei-Dank. Im Film würden sie jetzt eine Hymne dazu spielen. Vor Erleichterung ließ sich Frauchen unten im Korridor auf die Bank fallen. Es hatte den Anschein, als wäre sie im Moment viel zu schwach, um die Treppenstufen zu mir nach oben zu bewältigen. Frauchen versteckte ihr Gesicht in beide Hände. Eine Weile geschah gar nichts. Doch dann atmete sie auf, und ihr Blick wurde wieder frei. In solchen Momenten wird für die Menschen Gott geboren. Und ich bin dabei gewesen!

Später meinte Frauchen, ich habe sehr klug gehandelt, weil ich sofort nach Hause gerannt bin. Obwohl, das kann sie gar nicht wissen, »gerannt« ist mächtig untertrieben. Ich bin g-e-f-l-o-g-e-n! Noch nie etwas von einem fliegenden Hund gehört?! Also, bei mir kommt das öfter vor, und ich lebe immer noch! Glück hatte ich mit ein paar Straßen. Was für ein Tag! In meinem Hundeleben ist es wirklich nie langweilig.

Fix und alle verarbeiteten Frauchen und ich eng aneinander gekuschelt unser Abenteuer. Ich stand vollkommen unter Schock, und Frauchen hatte mich noch lieber als jemals zuvor. Dabei war das »Vorher« auch schon nicht zu verachten. Herrchen kann das bestätigen, denn Frauchen streichelt mich immer öfter als ihn.

Abends gingen wir noch einmal in den Schloßpark Gassi. Frauchen testete mein Verhalten auf dem Fluchtweg, aber ich wollte absolut nicht mitlaufen. Mein Selbstbewußtsein konnte mir den Buckel runterrutschen! Warum konnte Frauchen das nicht einsehen, und warum zog sie mich so heftig an der Leine hinterher? Was sollte das Ganze?!

Meine Angst ist mit dem heutigen Tag noch größer geworden. Ich werde wohl mein Leben lang darauf verzichten müssen, jemals ungezwungen mit anderen Hunden zu spielen, zu toben oder zu raufen. Für Frauchen scheint das ein noch größeres Problem zu sein, als für mich selber.

Morgen kommt Herrchen von seiner Dienstreise aus Berlin zurück. Na, dem können wir eine spannende Geschichte erzählen! Ein Glück, sie hatte ein gutes Ende.

Freitag, den 18. April 1997

Heute nacht haben wir nicht bei Herrchen geschlafen, sondern wir nächtigten auf dem Boden in Frauchens »Frauenzimmer«, damit Herrchen in Ruhe schlafen konnte. Er fühlt sich nämlich immer gestört, wenn Frauchen später schlafen kommt oder vor dem Einschlafen gern noch ein Buch lesen möchte. Außerdem muß ich manchmal nachts bellen, dann wacht Herrchen auf und kann nicht wieder einschlafen. Gestern unterstellte er uns, wir würden das mit Absicht machen. Da hat es Frauchen gereicht, sie hatte Herrchens Gebrumme endgültig satt, und sie ist aus Protest mit mir auf den Boden gezogen. »Typisch Männer!« schimpfte sie. Und weiter: »Deine heilige Nachruhe! Wir Frauen verlangen das auch! Nur mit dem Unterschied, daß wir von euch nie rücksichtsvoll behandelt werden. Ihr seid vom Gemüt her wie die Elefanten im Porzellanladen!«

Auf diese Weise entsteht bei den Menschen eine gefährliche Ehekrankheit, man nennt sie Disharmonie. Zum Glück hat mein Rudelehepaar bisher immer genügend Abwehrkräfte dagegen gehabt. Außerdem weiß Frauchen aus ihrem klugen Buch über die Männer, daß sie noch viele Rückschläge tapfer hinnehmen muß, bis sie sich wirklich von Herrchen geliebt fühlen wird. Es kann mehrere Jahre dauern, bis es soweit ist, das steht dort schwarz auf weiß.

Am nächsten Morgen brachte Herrchen meinem Frauchen Blumen mit. Der Strauß war nicht gerade üppig, aber immerhin. Frauchen wollte am liebsten sagen: Kleinvieh macht auch Mist. Aber sie kann ja nicht ewig mit Herrchen schmollen.

Herrchen bat uns, wieder bei ihm einzuziehen. Frauchen fühlte sich natürlich sehr geehrt. Genau das war's, was sie hören wollte: Er mußte ihr gestehen, daß er sie braucht. Somit ist Herrchen wieder einmal für eine Weile von seinen schlechten Umgangsformen kuriert, die sich nach jahrelanger Ehe eingeschliffen haben. Warum nicht gleich so!

Ganz so einfach machten wir es ihm diesmal aber nicht. Unsere Umzugsutensilien mußte Herrchen persönlich wieder nach unten ins Schlafzimmer zurückräumen. Mit verschränkten Armen schaute Frauchen ihm dabei zu. Sie genoß es, wie Herrchen treppauf und treppab an ihr vorbeidefilierte und alles wieder an seinen richtigen Ort stellte. Es ist ein Kick für Frauchen, sich von Herrchen beachtet zu fühlen. Alle Frauen mögen es, wenn ein Mann sich für sie fast ein Bein herausreißt. Selbst auf die Gefahr hin, daß er sich dabei lächerlich macht, wenn er nach ihrer Pfeife tanzt.

Frauchen fühlte sich bei ihrem Spiel ziemlich sicher. Sie weiß, eine längere Trennung im Schlafzimmer kommt für Herrchen sowieso nicht in Frage. Da ist er altmodisch, und das paßt auch nicht zu seinem akkuraten Lebensstil. Lieber nimmt er die Rolle als reumütiger Ehemann in Kauf, obwohl Frauchen sein Tun gar nicht so abwertend betrachtete – aha, da haben wir schon wieder den gewissen Unterschied –, sondern sie war ehrlich beeindruckt.

Während Herrchen sich mit unseren Sachen abmühte, überlegte Frauchen, wieso ein gemeinsames Schlafzimmer für Eheleute eigentlich Pflicht sein muß. Gerade die nicht mehr so jungen und taufrischen Paare stören sich mit der Zeit durch neue und alte Angewohnheiten wie z. B. Lesen, Schnarchen oder späteres Zubettgehen. Frauchen fällt es manchmal verdammt schwer einzuschlafen, mit all ihren Sorgen und Ängsten, von den Kränkungen ganz zu schweigen. Während sie dann mit Herrchen darüber sprechen möchte, ist er schon längst eingeschlafen und grunzt in seinen Träumen, teilnahmslos und ahnungslos wie immer. Er hat übrigens noch nie von einem Traum erzählt. Können Männer überhaupt träumen ... ? Glücklicherweise ist mein Herrchen wenigstens Nichtschnarcher. Frauchen sollte sich aber nicht zu früh darüber freuen. Das kann sich noch ändern.

Bei solcherlei Problemen wären getrennte Schlafzimmer jedenfalls die naheliegendste Lösung. Doch die meisten Menschen bekommen allein beim bloßen Gedanken daran schon ein ungutes Gefühl; getrennte Schlafzimmer bringen ihren Glauben an eine intakte Ehe stark ins Schwanken. Dabei könnten viele Beziehungen besser laufen, wenn man sich an den alten Schlafzimmertraditionen nicht so festklammern würde. Die wenigen, die sich losgeklammert haben, empfinden dummerweise ein schlechtes Gewissen dabei und reden mit niemandem darüber, als ob sie ein Gesetz brechen würden. Getrennt von Tisch und Bett mag ein Scheidungsgrund sein – aber hier liegt der Fall doch ganz anders: Betthüpferl sind jederzeit erlaubt und sogar erwünscht! Das bringt neue Farbe in alte Gewohnheiten und frischt die Ehe auf.

Na ja, eines steht fest, Frauchen und ich, wir biegen uns Herrchen immer wieder hin. An dieser Stelle müssen wir ihm unbedingt ein Kompliment machen. Herrchen ist sehr biegsam – zumindest in der Liebe. Sportlich gesehen hätte er schlechtere Karten.

Donnerstag, den 24. April 1997

Heute übten wir noch einmal im Gruselpark das Fürchten. Kaum waren wir dort, bekam ich sofort das gewisse Zittern. Von Billi war zwar nichts zu sehen, aber dafür gab es eine Menge anderer Gespenster auf vier Pfoten. Das war zu viel für mich. Ich zerrte Frauchen auf dem Fluchtweg nach Hause. Frauchen zeigte sich darüber sehr traurig. Sie meinte, es gäbe nun keine Zweifel mehr daran, ich sei verhaltensgestört, und das müßte sie erstmal verkraften. Mir war in diesem Augenblick ziemlich egal, was ich sein sollte. Hauptsache, ich kam aus diesem Gruselpark raus! Und zwar so schnell wie möglich!

Sonntag, den 27. April 1997

Heute passierte etwas ganz merkwürdiges. Eigentlich dachte ich, es sei Sonntag, aber Herrchen und Frauchen standen sehr zeitig auf, so als ob sie zur Arbeit gehen wollten. Vor allem wunderte ich mich über die vielen gepackten Koffer und Taschen. Eine davon gehörte sogar mir. Als ich dann auch Brunhilde mit solchen großen Taschen im Hausflur bemerkte, war es mit meinem Weiterschlafen vorbei. Seit wann gehen denn Senioren auf Arbeit?! Hier stimmte doch etwas nicht. Sollten die etwas vorhaben, ohne mich abzuhauen? Jetzt wollte ich auch mit!!!

Frauchen gehorchte mir aufs Wort und nahm mich unter die Arme. Schnell noch ein Bullerchen an der Ecke, und schon saß ich im Auto.

Als wir dann auf der unendlichen Straße entlangfuhren, die sich Autobahn nennt, wurde mit klar, daß wir in den Urlaub sausen. Genauso war es, als wir im letzten Jahr beim Bergdoktor in Wildermieming Urlaub gemacht haben. Am Ende einer langen langen Fahrt warteten jede Menge Abenteuer. Ich freute mich riesig und hoffte, daß es wieder in die Berge geht, denn die liegen mir besonders gut. Das traut mir zwar keiner zu, aber es ist so.

Ich machte auf der ganzen Fahrt kein Auge zu, denn draußen regnete es viel zu laut. Der Motor brummte, und es schaukelte tüchtig in unserer vierrädrigen Kiste. Nach sechs Stunden Fahrt waren wir endlich am Urlaubsziel, in der Wachau.

Zuerst gingen wir Mittagessen. Im Gasthaus saßen viele Menschen, und alle sprachen laut durcheinander. So fand ich kaum einen ruhigen Augenblick zum Ausruhen und zum Schlafen. Im Nebenraum bellte ein Pudel, und die Leute vom Nachbartisch wollten ständig mit mir Kontakt aufnehmen. Erst als mein Rudel das bestellte Essen serviert bekam, ließen sie uns eine Weile in Ruhe.

Als wir die Ferienwohnung begutachteten, mußte ich leider feststellen, daß im gleichen Haus ein Dackel namens »Blacky« wohnt. Vorerst will ich erstmal ganz still sein. Bloß nicht gleich daneben benehmen.

Am Nachmittag besichtigten wir bei einem ersten Spaziergang die herrlichen Weinberge im Ort. Das machte einen Riesenspaß. Endlich konnte ich mich austoben, und das Düngen war kein Problem für mich. Das gelang mir mit links.

Später wollte mein Rudel unbedingt ein wenig schlafen. Das sah ich überhaupt nicht ein. Ich verbellte die lauten, fremden Geräusche, und trotz der empörten Proteste meines Rudels konnte ich mich nicht zurückhalten.

Nach dem Abendbrot machten wir eine Ortsbegehungsrunde. Anschließend besuchte uns Dackel Blacky selbstbewußt in der Ferienwohnung. Frauchen fand das gar nicht so übel, sondern sie erhoffte sich davon eine Verbesserung meines Verhaltens zu Hunden. Hört das denn nie auf!? Also ich habe ihn nicht eingeladen! Frauchen, wann schnallst du das endlich! Ich – will – nicht! Manchmal bringt mich Frauchen wirklich zum Verzweifeln.

Ich verbellte diesen Eindringling aus eigener Kraft. Ich mag ihn nämlich wirklich nicht leiden. Frauchen sah das ja nicht ein. Sie übergab mich gnadenlos in Herrchens Arme, und ich mußte zusehen, wie sie mit diesem Blacky Freundschaft schloß. Zur Gegenwehr erkletterte ich den höchsten Punkt (eine Spezialität von mir) auf Herrchens Schulter und stellte zufrieden fest: Von hier oben ließ es sich allemal noch viel besser schimpfen!

Frauchen beeindruckte das überhaupt nicht. Sie schenkte diesem unverschämten Blacky einen großen Kauknochen, den sie extra für ihn mitgebracht hatte. So eine Frechheit! Endlich verschwand Blacky wieder nach unten, leider viel zu glücklich über sein schönes Geschenk. Dafür bullerte ich am Abend ungeniert in seinen privaten Obstgarten gleich hinterm Haus. Ich gab mir dabei wirklich sehr große Mühe, das Bein besonders hoch zu heben. Das roch mächtig gut nach Angeberei. Ich war so frei.

Für heute bin ich erstmal erledigt. In der Ferienwohnung gibt es noch vieles zu erkunden. Na, morgen ist ja auch noch ein Tag.

Montag, den 28. April 1997

Heute morgen war ich wieder im Obstgarten bullern. Der ist wirklich wunderschön. Muß ich direkt noch einmal erwähnen.

Nach dem Frühstück hat uns wieder dieser aufgeblasene Blacky besucht. Jetzt muß ich wegen dem schon so früh am Morgen wütend werden! Frauchen traut mir zu, daß ich zum Angstbeißer werde, weil ich mich so aufführe. Ich finde, das soll sie ruhig von mir glauben.

Immerhin paßte sie auf, daß wir uns nicht zu nahe kamen. Dieser altersschwache Blacky soll es faustdick hinter den

Ohren haben, wenn man ihn reizt. Vor lauter Wackelohren konnte ich aber nichts Faustdickes und schon gar nichts Reizvolles an ihm entdecken. Der ist doch nur verfressen, und mein Frauchen fällt darauf herein. Sie glaubt immer, alle Tiere sind verhungert und warten nur auf sie.

Nach dem Frühstück fuhren wir zum Stift Göttweig. Dort durfte ich in den Außenanlagen herumtollen. Später wartete ich brav im Auto, weil mein Rudel noch die kaiserlichen Räume besichtigen wollte. Ich hätte zwar so lange an der Kasse aufbewahrt werden können, aber diese Idee fand keiner so richtig gut.

Zum Mittagessen waren wir in Mautern. Ich blieb freiwillig im Auto, der laute Gasthof von gestern lag mir noch in den Ohren. Danach wanderte ich glücklich mit meinem Rudel an der Donau entlang. Wir besichtigten die Stadt Krems, und ich traf alle Nase lang österreichische Hunde. Trotzdem hatten wir keine Verständigungsprobleme. Mit Blacky ist das etwas anderes.

Um vier waren wir wieder zu Hause. Ich war so fertig, daß ich meinem Rudel zum Abendbrot nicht mal mehr in die schöne große Küche folgte. Wenn jetzt dieser ausgeflippte Blakky gekommen wäre, ich glaube, ich hätte ihm – kein einziges graues Barthaar gekrümmt, so ausgepowert war ich. Vielleicht später, da bin ich mir sogar ganz sicher!

Nach dem Abendbrot begleitete ich mein Rudel mit frischen Kräften zu einem Abendspaziergang in die Weinberge. Frauchen hat den leisen Verdacht, daß Herrchen eine Erkältung ausbrütet. Das größte Problem daran wäre, es Brunhilde schonend beizubringen, damit sie nicht gleich den Rettungshubschrauber holt. Da hilft nur eins: nichts anmerken lassen!

Dienstag, den 29. April 1997

Herrchen hat die ganze Nacht gebullert. Das kommt von den reinen Sonnenhuttropfen, sagt Frauchen, die schleudern alle Bazillen aus seinem Körper. Offenbar hat Herrchen sehr viele

Als Taschenhund habe ich bei der Besichtigung in Burgen und Schlössern immer gute Chancen. Aber einen Urlaub in den Bergen finde ich schöner. Schon wegen der grenzenlosen Freiheit und der leckeren Brotzeit.

davon. Wenigstens mußte er nicht wie ich bis in den Obstgarten. Für solche Zwecke gibt es bei den Menschen in der Wohnung ein Menschenklo mit einem echten Wasserfall. Herrchen geht es jedenfalls nicht so schlecht, wie wir gestern abend befürchtet haben. Frauchen meint, er könnte dank ihrer Wunder-Reise-Apotheke sogar über den Berg sein. Hauptsache, Brunhilde merkt nichts, denn als besorgte Mama eines erwachsenen Sohnes wäre sie eindeutig schwieriger in den Griff zu bekommen. Dagegen hilft auch keine noch so gute Reiseapotheke.

Natürlich hat sich der ausgekochte Blacky wieder sein Guten-Morgen-Leckerli geholt. Frechheit!

Wir fuhren nach Melk. Dort mußte ich im Auto auf mein Rudel warten, bis sie das berühmte Kloster besichtigt hatten. Dann liefen wir gemeinsam in den Ort zum Mittagessen.

Auf die Schallaburg begleitete ich mein Rudel in Frauchens Tasche, sozusagen wie ein echter Taschenhund. Das gefiel mir zwar nicht besonders gut, aber es war allemal besser, als wieder im Auto warten zu müssen. Nur gut, daß mich diese Nervensäge Blacky nicht sehen konnte. Das wäre mir o-b-e-r-peinlich gewesen! Nie wieder würde er respektvoll zu mir aufsehen. Noch einmal schaffe ich es bestimmt nicht, ihm gute Manieren beizubringen. Dann fresse ich ihn lieber gleich auf, bevor er es tut.

Nachmittags gönnten wir uns eine Stunde Pause in der Ferienwohnung. Danach besichtigten wir das idyllisch gelegene Dürnstein gleich nebenan. Das Schmuckstück des Ortes ist die blau-weiße Kirche direkt an der Donau. Im Gegensatz zur Donau ist sie wirklich blau.

Mittwoch, den 30. April 1997

Heute früh kam wieder dieser nervtötende Blacky angezappelt. Dann ging er frech wie ein Dackel mit uns in den Obstgarten bullern. Mein Scheißerle konnte ich vor lauter Aufregung gerade noch so verrichten. Aber im Vergleich zu sonst war ich bereits etwas ruhiger und gesitteter. Schließlich bin ich zum Erholen hier und nicht, um mich andauernd belästigen zu lassen. Ich muß nur einfach ignorieren, was mich stört. Damit kann man seinen Feind bravourös ausschalten, und das mit Größe! Und die habe ich, mehr bildlich gesprochen, ganz bestimmt!

Frauchen schickte Blacky – ich verzichte diesmal auf eine genaue Charakterisierung, auch wenn es mir schwer fällt – mit einem Leckerli nach Hause. Typisch, der reagiert nur auf Bestechungen.

Nach dem Frühstück machten wir eine lange Fahrt zu einer Burg namens Rappottenstein. Wie sich bei der Ankunft herausstellte, ist sie erst ab morgen geöffnet. So ein Pech. Mein Rudel fand bald ein anderes lohnenswertes Gebäude zur Besichtigung. Es war selbstverständlich ein Schloß, denn in dieser Gegend wimmelte es nur so von Burgen, Schlössern und Ruinen. Ich mußte erneut im Auto warten. Frauchen beeilte sich, um schnell wieder bei mir zu sein. Gemeinsam durchstöberten wir das Parkgelände.

Am Nachmittag besichtigten wir schon das nächste Schloß. Es hieß Schloß Grafenegg. Ich durfte Frauchen auf ihren Schultern durch alle Räume begleiten, und das ging ziemlich fix. Frauchen sagte: »Hauptsache ich war dabei«, und dann hatte sie alles gesehen.

Mir konnte es nur recht sein. Großartige Erläuterungen findet Frauchen sinnlos, man vergißt sie ja doch gleich wieder. Natürlich bewundert Frauchen ehrfurchtsvoll all die Menschen, die mit ihrem Wissen darüber glänzen, wer z. B Karl I., Otto II. oder Wilhelm III. war. Für Frauchen ist das unwichtig, bei ihr zählt nur der Augenblick. Das finde ich in Ordnung. Außerdem hat sie selbst einen Karl-Otto, und zwar einen echten und lebendigen zugleich. Brunhilde legt sehr viel Wert auf die alten Vornamen ihres Sohnes. Das versucht sie ihrer Schwiegertochter immer wieder deutlich klar zu machen, wenn diese absichtlich darüber lästert.

Draußen besichtigten wir anschließend den großen Park. Das ist für einen Hund wie mich das Schönste und Interessanteste an alten Schlössern. Der Tag, der bis jetzt verregnet war, präsentierte sich nun von der allerschönsten Seite. Die Sonne lachte vom Himmel herunter.

Leider konnte ich das schöne Wetter nicht genießen, denn plötzlich hatte es ein schwarzer Schnauzer ohne Begleitung auf mich abgesehen. Frauchen mußte mich auf ihre zarte Schulter nehmen, sonst hätte ich Hackfleisch aus ihm gemacht. Mit mir war wirklich nicht zu spaßen. Ich fletschte die Zähne wie der echte große Graf Dracula, aber der fremde Schnauzer bekam nur ein bißchen Angst vor mir. Er wollte sogar mit in unser Auto steigen. »Der spinnt wohl!« rief ich empört.

Mehr durfte ich nicht protestieren, denn Frauchen hatte einen Plan. Das spürte ich direkt in meinen Knochen, und dabei bin ich noch ganz jung. Sie benötigte mich nämlich als Köder (ja Köder, nicht Köter!) für Igor, weil sie ihn zu seinem Herrchen zurückbringen wollte. Freiwillig würde der Schnauzer meinem Frauchen nie folgen. Also mußte ich die erbärmliche Rolle des Lockvogels spielen, wehrlos wie ich war.

Wir fragten uns durch und wurden zu den Antiquitätenhändlern im hinteren Teil des Schlosses geschickt. Ein Mann rief den angeblichen Hundebesitzer, den wir niemals zu Gesicht bekamen. Wir hörten nur seine Stimme aus dem Nebenraum rufen: »Igor!« Und weg war Igor, ab zu seinem Herrn in den Nebenraum.

Für uns gab es kein Dankeschön. Es schien, man hatte Igor noch nicht einmal vermißt. Manchmal tut man Gutes, ohne daß es jemand bemerkt. Man kann trotzdem glücklich darüber sein, wenn man nichts dafür erwartet. Frauchen fällt es oft schwer, so zu denken, weil sie ein Mensch ist. Aber sie lernt immer besser von mir.

Donnerstag, den 1. Mai 1997

Früh ging Blacky in alter gewohnter Aufdringlichkeit mit uns in den Obstgarten. Als er von Frauchen wieder ein Leckerli erhielt, wurde ich laut. Alles kann man sich nun wirklich nicht gefallen lassen! Denn das geht zu weit, wenn man für seine Gutmütigkeit so ausgenutzt wird. Und das auch noch vor meinen Augen! »Das ist eine Zumutung, F-r-a-u-c-h-e-n!« Mein Protest war natürlich zwecklos. Auch eine Hineinsteigerung meiner Ausdruckskraft, an der ich fast erstickt wäre, bewirkte nichts.

Nach dem Frühstück starteten wir unseren zweiten Anlauf zur Burg Rappottenstein. Ich wartete eine Stunde im Auto, während mein Rudel an der spannenden Führung teilnahm. Erst danach erfuhren sie, daß Hunde an der Leine erlaubt sind.

Danach fuhren wir in den großen Wallfahrtsort Maria Taferl. Endlich durfte ich auch mitkommen. Leider war das Wetter sehr trübe, so daß wir von der schönen Lage des Ortes und der herrlichen Aussicht nicht viel erkennen konnten. Postkarten mit traumhaften Motiven ließen uns neidvoll erahnen, was wir verpaßten. Mein Rudel besichtigte abwechselnd die berühmte Wallfahrtskirche.

Auf der Rückfahrt funktionierte plötzlich Herrchens elektrischer Fensterheber nicht mehr. Es scheiterten alle Bemühungen, wenigstens auf seiner Seite das Fahrerfenster wieder zu schließen. Hoffentlich sind Herrchens Sonnenhuttropfen stark genug, um einer erneuten Erkältung mit genügend Widerstandskraft zu trotzen. »Zügig«, im wahrsten Sinne des Wortes, suchten wir an diesem Feiertag eine Werkstatt auf.

Herrchen tat anfangs sehr unbeholfen und wollte am liebsten mit einer Reparatur bis nach den Feiertagen abwarten, was Frauchen überhaupt nicht männlich fand. Sie spornte ihn energisch an, heute noch alles in Ordnung zu bringen. Dann versuchte sie, sich so gut wie nur möglich mit Kleidungsstücken einzumummeln. Die Auswahl war nicht gerade üppig, schließlich lagen die dicken Jacken in der Ferienwohnung.

Brunhilde verteilte inzwischen in gewohnter Manier aus der hinteren Sitzreihe ihre üblichen Kommentare. Darauf hatten schon alle gewartet. Ständig gab sie ihrem Sohnemann (Frauchen sagt dazu auch eifersüchtig: ihrem Goldjungen) gute Ratschläge, z. B. daß er sich den Tod holen wird und andere schlimme Sachen. Als Höhepunkt ihrer besorgten Hinweise wollte sie aus Herrchen unbedingt einen »Handtuchmann« machen. Die Handtücher waren eigentlich für mich bestimmt, z. B. für den Fall, wenn ich nasse Füße bekomme.

An dieser Stelle platzte Herrchen aber endlich einmal der Geduldsfaden und er wehrte sich so überraschend laut für alle, daß es sofort mucksmäuschenstill im Auto wurde.

Brunhilde schwieg betroffen, weil Nachgeben ihre Stärke ist und sie das auch mehrmals in der Woche ausdrücklich betont – und Frauchen schmunzelte in sich hinein, weil Herrchen das getan hatte, was sie schon lange dachte, aber es nicht aussprechen durfte so wie er. Als Schwiegertochter hat man nicht die gleichen guten Karten wie der Sohnemann. Ihm verzeiht Brunhilde eher eine Unhöflichkeit.

Frauchen freute sich außerordentlich über Herrchens Abwehr, denn er widersprach sonst nie. Bei niemandem. Fast tat es Frauchen ein bißchen leid, daß Brunhilde das Opfer war. Aber nur fast.

In Melk fanden wir endlich eine Werkstatt. Merkwürdig war nur, dort genügte ein einziger bescheidener Knopfdruck vom Fachmann und das Fahrerfenster ging wieder zu. Wie von einer Geisterhand, als wäre nie etwas kaputt gewesen. So hatte man wenigstens keine Arbeit mit uns. Aber der Mitarbeiter vom ADAC hatte ein bißchen komisch gegrinst.

Herrchen will vorsichtshalber bis zum Ende des Urlaubs den Bedienknopf des Fahrerfensters nicht mehr anfassen. Wer weiß, vielleicht kann die Geisterhand nur ein einziges Mal so ein Wunder vollbringen. Herrchen möchte es lieber nicht darauf ankommen lassen.

Nach diesem aufregenden Abenteuer verkrafteten wir noch eine Stadtbesichtigung in Spitz. Zu Hause legten wir eine kleine wohl verdiente Pause ein, und später besuchten wir den Ort Stein. Abends war ich k.o.

Freitag, den 2. Mai 1997

Heute morgen waren wir mal ohne Blacky Gassi. Eine Wohltat! Aber dafür kam er pünktlich zu seinem Leckerli.

Am Vormittag fuhren wir zur Ruine Aggstein. Hier stieg ich mutig mit Frauchen unzählige steile Treppen hinauf. Herrchen traute sich das nicht. Manchmal mußte mich Frauchen auch bei ihm lassen, dann blickte ich ihr sehnsuchtsvoll und stolz hinterher. Wie eine Gemse kletterte Frauchen über die Felsen.

Danach besuchten wir die Ruine in Dürnstein. Hier soll König Richard Löwenherz von England inhaftiert gewesen sein. Aber für uns war das ziemlich unwichtig.

Geschickt nahm ich die vielen hohen Stufen in der heißen Mittagssonne zur ehemaligen Burg hinauf. Ein Dackel wurde nach oben getragen. Bei Blacky müßten sie das bestimmt auch tun. Dackelbeine sind ja sooo kurz und häßlich!

Auf dem letzten Stück wurde es immer steiler. Brunhilde mußte leider kurz vor dem Ziel aufgeben, denn es fand sich niemand, der sie nach oben tragen wollte. Das schien nur bei Dackeln zu funktionieren. Von oben winkten wir wie die Gipfelsieger zu Brunhilde hinunter. Sie gönnte uns diesen Erfolg. Vor unseren Augen bot sich eine herrliche Aussicht.

Am Nachmittag fuhren wir zur Rosenburg. Bei der Führung war ich dabei. Im Auto wäre es jetzt auch viel zu heiß für mich geworden.

Die meisten Besucher in der Gruppe bestaunten mich. Wir wünschten uns sehnsüchtig, sie hätten uns ab und zu in Ruhe gelassen, damit wir wenigstens einigermaßen den Ausführungen folgen könnten. Aber am lautesten waren vier bis fünf quengelnde Kinder, die sich bei der Besichtigung deutlich langweilten. Die Kleinsten unter ihnen waren die schlimmsten. Sie randalierten erstaunlich ausdauernd und waren sehr erfinderisch darin, sich allerlei Unsinn auszudenken. Immer mußten sie herumzappeln, oder sie entwischten ihrem überforderten Erziehungspersonal, weil sie flink und gewieft waren. Die Besucher hielten jedesmal die Luft an, wenn die lieben Kleinen gerade mal wieder unerlaubt ein kostbares Stück betatschten oder, was noch viel schlimmer war, etwas Zerbrechliches in ihren tolpatschigen Händen hielten.

Am späten Nachmittag besuchten wir den Ort Weißenkirchen. Aber wir blieben am Donauufer auf einer Bank sitzen und gaben uns alle Mühe, Herrchen zu einem leckeren Eisbecher zu überreden, den er uns großzügig spendieren sollte. Herrchen versuchte sich zu wehren und nuschelte etwas kleinlaut: »Ich bin doch nicht Rockefeller oder Millionär.« Am Ende setzten die beiden Frauen sich durch. Diesmal waren sie sich einig.

Als wir nach Hause kamen, kehrte mein Rudel bei Familie A. ein. Bald holten sie mich zur Gassirunde ab. Dieser Blakky sollte auch mit. Warum eigentlich? Keiner beantwortete meine Frage. Der zappelnde Blacky freute sich riesig, und das schien hier im Moment das allerwichtigste zu sein. Frechheit!

Wachsam und mit einigem Abstand lief ich hinter ihm her und behielt diesen wichtigtuenden Schnüffelhund streng im Auge. »Trau dich bloß nicht, auch an mir herumzuschnüffeln! Wehe!« Das machte ich Blacky unmißverständlich klar. Da verstand ich keinen Spaß! Diesen letzten Augenblick meines Ferienaufenthaltes hatte ich mir eigentlich ganz anders vorgestellt. Aber wenn man einer armseligen Kreatur mit einem gewöhnlichen Spaziergang so viel Freude machen kann – na, dann wollte ich kein Spielverderber sein.

Montag, den 5. Mai 1997

Frauchen war heute das erste Mal wieder im Büro. Sie kam sehr traurig nach Hause, denn auf Arbeit hat es leider Ärger gegeben. Frauchen holte sich Hilfe beim Personalrat, denn es scheint, daß jeder Widerspruch alles nur noch schlimmer macht. An Mobbing mag Frauchen aber nicht denken. Das verdrängt sie gleich wieder.

Dienstag, den 6. Mai 1997
Zum Glück ist heute alles wieder gut. Ich leckte Frauchen ein paar salzige Tränen vom Gesicht. Die Schmerzen kann ich ihr leider nicht so einfach weglecken.

Mittwoch, den 14. Mai 1997
Mittags lief ich mit Frauchen ins Tal. Diese Spaziergänge sind gut für ihren Rücken nach dem langen Sitzen im Büro. Es war so warm, daß mir meistens meine Zunge heraus hing.

Abends machte sich mein Rudel ganz hübsch. Besonders Frauchen war eine Augenweide. Herrchen wirkte neben ihr etwas unscheinbar. Meine beiden hatten Hochzeitstag, und sie wollten feierlich essen gehen. Eigentlich nahm ich an, ebenfalls eingeladen zu werden, aber Frauchen legte mich statt dessen in Brunhildes Arme und sagte ohne mit der Wimper zu zucken: »Tschüs, bis bald, wir kommen gleich wieder zurück!« Wie gerne wäre ich dabei gewesen. Doch ich durfte nicht. Brunhilde allerdings auch nicht.

Es dauerte aber wirklich nicht sehr lange, und die beiden kamen wieder zurück, so wie sie es versprochen hatten. Sie holten mich zu einer Gassirunde ab. Das fand ich sehr anständig von ihnen. Lange Zeit beobachtete ich, was an Frauchen und Herrchen heute anders war.

An so einem Hochzeitstag sehen sie irgendwie glanzvoller aus als sonst. Um die Augen, um den Mund, um die Nase – ja sogar um die Ohren. Auch wenn es nicht sehr lange anhält mit dem Glanz. Aber immerhin, das gewisse Etwas steht ihnen glänzend.

Samstag, den 17. Mai 1997
Heute haben wir beim Einkaufen in Hermsdorf Frauchens mittlere Schwester Irene getroffen. Sie hatte dort dienstlich zu tun und roch sehr stark nach Apotheke. Vor einem Gartencenter setzten wir uns auf eine unverkaufte Gartenbank in den Schatten. Aber kaum saßen wir drauf, gingen die Dinger weg wie frische Frolics. Jedenfalls mußten wir andau-

ernd die Bänke wechseln. Man sah uns wohl förmlich an, wie gut man darauf sitzen und sich unterhalten konnte. Eine Umsatzbeteiligung bekamen wir aber leider nicht.

Anschließend wanderte ich noch mit Frauchen und Herrchen bei sommerlichen Temperaturen zu den »Roten Pfützen«.

Dienstag, den 20. Mai 1997

Über Pfingsten kam uns Frauchens große Schwester Renate mit Familie besuchen. Die geplante Lampionparty fiel aber leider aus, denn nach dem Hofkaffeekränzchen gab es ein langes Gewitter. Diesmal war es nicht Frauchen, sondern ein wirklich echtes Gewitter... Herrchen meint, man könnte Frauchen ruhig hin und wieder damit vergleichen. Das würde der Wahrheit sehr nahe kommen.

Also, ich habe damit keine Probleme. Zu mir ist Frauchen immer sehr friedlich und geduldig. Sie muß sich ja nie mit mir herum ärgern. Mit Herrchen schon. Allerdings stellt sie auch keine so hohen Erwartungen an mich.

Am Sonntag durfte ich unseren Besuch im Gästezimmer wecken. Das war wieder sehr lustig. Nach dem Frühstück gingen wir mit Karl-Heinz in den Gruselpark. Sehr zum Erstaunen meines Frauchens verhielt ich mich ganz normal. Sogar den Fluchtweg habe ich außer acht gelassen. Frauchen vermutete, daß ich mich in einem größeren Rudel sicherer und selbstbewußter fühle.

Weil mein Frauchen so viel von Tierpsychologie versteht, wollte ich ihr zu Hause eine Freude machen, und prompt zeigte ich ihr voller Stolz, wie gut ich inzwischen die steile Flurtreppe hinunterklettern kann (nach oben ist es ja kein Kunststück). Ein Restrisiko bleibt natürlich immer bestehen, besonders wenn mein Temperament mit mir durchbricht. Jedenfalls war Frauchen von meinem Talent überwältigt. Das habe ich auch nicht anders von ihr erwartet.

Gegen Mittag kam Brunhilde von ihrer Kurzreise zurück. Diesmal begrüßte ich sie besonders hingebungsvoll. Ist doch

Die Leute denken bestimmt, ich bin ein Welpe von dir. Ich fühle mich jedenfalls sehr geehrt. Und du?

sonnenklar! Frauen brauchen das! Und je mehr man damit bei ihnen übertreibt, um so mehr lieben sie einen. Herrchen begreift das nie. Dabei ist das sooo einfach! Na ja, so gut wie ich kann das eben keiner.

Den Rest des Tages habe ich viel geschlafen. Ich freue mich schon jetzt auf das nächste große Familientreffen. Dann stehe ich wieder im Mittelpunkt.

Dienstag, den 27. Mai 1997

Heute habe ich drei Stunden lang das Haus ganz allein bewacht. Dann kam Herrchen und zehn Minuten später auch Frauchen. Gemeinsam fuhren wir zur Garage. Auf dem Rückweg durch den Park versuchte ich, mich wieder ganz normal zu verhalten. Nur wenn andere Hunde kamen, hatte ich es auffallend eilig davonzukommen.

Zu Hause spielten wir ein paar lustige Runden mit Rosi Plüsch. Zum Abendbrot erfand Frauchen ein neues Gericht: panierte Bratkartoffeln. Wie die Dinger geschmeckt haben, weiß ich allerdings nicht, dafür war ich zu müde.

Nach dem Abendbrot fanden wir noch Zeit für unser zweites Lieblingsspiel. Wir spielen es immer auf dem Dachboden und nennen es »Ballwerfen gegen den großen alten Kleiderschrank«. Frauchen wirft den leichten Quietschball jedesmal schwungvoll gegen den Schrank. Wenn sie Glück hat, springt er zu ihr zurück (der Ball natürlich), und wenn nicht, dann habe ich eben Glück gehabt. Wie der Blitz schnappe ich Frauchen den Ball vor der Nase weg. Nun muß sie mich erstmal kriegen, und das ist nicht so einfach. Gemeinsam huschen wir durch sämtliche Räume des Obergeschosses. Dabei kreischt Frauchen jedesmal so laut vor Begeisterung, daß Herrchen ab und zu an die Decke klopfen muß, weil er sich bei diesem Krach nicht aufs Zeitunglesen konzentrieren kann. So auch heute wieder. Während Herrchen unter uns verzweifelt den Putz von der Decke klopfte, überhörten wir großzügig seine Signale im Eifer des Gefechts.

Freitag, den 30. Mai 1997

Die letzten Tage waren ziemlich kühl. Früh hatten wir nur fünf Grad Außentemperatur. Es regnete viel, und die Sonne versteckte sich besonders gern an den Wochenenden oder wenn Frauchen zeitig Feierabend hatte. Mein Frauchen bewegt sich gern im Sonnenlicht. Damit tankt sie ihre Seele von innen auf.

Heute machten wir unsere Runde durch die Gartenanlagen. Dort trafen wir die Mischlingshündin Viebi. Sie hat Ohren wie eine Fledermaus. Viebi war mein erster Welpenschreck. Inzwischen kann sie aber nicht mehr über die Hekke springen, denn die ist mittlerweile unheimlich in die Höhe gewachsen. Viebi zum Glück nicht.

Unsere beiden Hundebesitzer unterhielten sich sehr ausführlich über die liebenswerten Marotten ihrer Vierbeiner. Damit waren wir gemeint. Als ich an Viebis Nase schnuppern sollte, wurde ich ungemütlich. Ihr Menschen seid aber auch doof! Ihr schnuppert doch auch nicht an wildfremden Nasen herum, wenn ihr nicht wollt. Oder etwa doch?! Ich bin jedenfalls froh, als es endlich weiter ging.

Bald begegneten wir Frau M. Sie ist auch ein Hundefrauchen. Ich hatte bereits in jungen Jahren das Vergnügen der unangenehmen Bekanntschaft mit ihrem Collie bei einer lebensgefährlichen Verfolgungsjagd, und leider war ich wieder der Hase.

Frau M. klagte Frauchen ihr Leid mit den Nachbarn. Soweit ich das verstanden habe, ist sie mit den Nachbarn »Katz« und »Maus«, d. h. sie können nicht in Frieden miteinander leben. Frauchen hörte ihr verständnisvoll zu, damit half sie Frau M. schon sehr. Plötzlich rief uns Frau T. hinter einer Hecke aus ihrem Gartengrundstück. Wir sollten Petersilie ernten kommen. Mein Rudel liebt Petersilie und deshalb gehorchten wir Frau T. aufs Wort.

Ehe wir uns versahen, standen wir in ihrem Garten. Der Garten von Familie T. ist riesengroß, und der Rasen erinnert an einen Minigolfplatz. Ich drehte mit großem Vergnügen ein paar wilde ausgelassene Runden und machte zackige Haken. Herr und Frau T. wußten meine lustige Vorstellung zu schätzen und amüsierten sich köstlich. Anschließend bekam ich sogar Regenwasser zu saufen. Sonst trinke ich meistens nur abgestandenes Mineralwasser. Aber das wußte Familie T. nicht, und das Regenwasser hat mir nicht geschadet.

Frauchen mußte sich derweilen durch den prachtvollen Garten führen lassen und alle Beete begutachten. Dabei sparte Frauchen nicht mit Lob und Bewunderung, obwohl sie eigentlich überhaupt keine Ahnung davon hat. Aber sie weiß, was sich gehört. Und sie hatte sogar damit Erfolg.

Denn Frauchen bekam nicht nur die versprochene Petersilie geschenkt, sondern fast den halben Garten. Auf dem Weg nach Hause hatte sie schwer zu schleppen und absolut keine Hand mehr frei. Es bedurfte allerdings noch einiger erfolgloser Anläufe, bis Frauchen den Weg zum Gartentor endgültig geschafft hatte. Frau T. entdeckte immer neue sehenswerte Ecken auf ihrem Gartengrundstück, die sie uns unbedingt alle zeigen wollte.

Brunhilde hat uns zu Hause bereits vermißt, denn wir waren heute eine Stunde länger als gewöhnlich unterwegs. So ein Freitag macht mich sehr müde.

Montag, den 2. Juni 1997

Am Wochenende hat sich Frauchen wieder tolle Spiele für uns ausgedacht. Außerdem durfte ich so lange aus dem Fenster schauen, wie ich wollte. Hunde lieben das! Frauchen stellt dann extra für mich ein paar Pelargonientöpfe zur Seite, und schon kann ich die ganze Straße überblicken und meine Neugier stillen.

Am Sonntag wanderten wir in den Wald. Ich quiekte vor lauter Freude. Wir trafen die Dalmatinerhündin Caroline. Deren Rudel arbeitet im Bioladen. Dort werden mein Frauchen und ich immer sehr nett bedient. Vielen Wanderern mußte ich heute wieder Auskunft über mein Alter und meine Rasse geben. Was die immer alles von mir wissen wollten!

Zu Hause habe ich schon mal probehalber in Frauchens gepackten Urlaubskoffern Platz genommen. Das ist sooo schön kuschelig! In einer Woche fahren wir nämlich nach Südtirol. Bestimmt sind die hübschen Italienerinnen genau meine Kragenweite. Die sollen ja sehr viel Rasse haben, so wie ich. Genau das richtige für mich.

Brunhilde möchte mich gern hier behalten, weil sie nicht mitfahren darf. Wir wollen viele Wanderungen in die Berge unternehmen, aber dafür ist Brunhilde nicht mehr gut genug zu Fuß. Sie kann stundenlang durch eine Stadt bummeln, das macht ihr überhaupt nichts aus, doch mit ausgiebigen Wanderungen in den Bergen wäre sie überfordert.

Frauchen und Herrchen versprechen sich einiges von diesem Urlaub. Das habe ich genau gehört. Hoffentlich schrauben sie ihre Erwartungen nicht all zu hoch. Erstens bin ich nicht so leicht abzuwimmeln, und zweitens entstehen gerade im Urlaub die meisten Unstimmigkeiten unter Eheleuten.

Ich werde jedenfalls hartnäckig meine Streicheleinheiten weiter verlangen so wie immer. Für mich ist jeder Tag ein Urlaub. Ob zu Hause oder in Südtirol, das ist mir Wurscht.

Zur Not habe ich noch meine Rosi Plüsch für einsame Stunden dabei, Frauchen vergißt sie hoffentlich nicht mit einzupacken. Meistens beneidet mich Herrchen um meinen vielgeliebten Rosi-Harem. Ich habe nämlich insgesamt vier Rosis!!!! Herrchen hat dagegen nur ein einziges Frauchen. Vielleicht kann ich ihm mal eine Rosi ausborgen. Aber wenn ich nur wüßte, welche von den Vieren?!

Frauchen meinte, zwei Koffer reichen auf gar keinen Fall für den Urlaub in Südtirol. Für sie ist das kein Problem, aber für Herrchen. Beim Anblick der vielen zusätzlichen kleinen und großen Taschen schlug er stöhnend die Hände über dem Kopf zusammen. Er sah sehr verzweifelt aus. Dann faltete Herrchen flehend seine Hände vor dem Gesicht zusammen, schaute nach oben und bat jemanden um Hilfe, der gar nicht da war. Er säuselte auch etwas Unverständliches von: »Hab' Erbarmen!« Jedenfalls konnte ich weder sehen, hören noch riechen, mit wem er sprach. Offenbar muß es sich um eine sehr hohe und mächtige Persönlichkeit handeln.

Zum Glück kommen diese Art Hilferufe bei Herrchen nur sehr selten vor. Man müßte sich sonst direkt um ihn Sorgen machen oder sich für ihn schämen, falls es den da oben wirklich gibt. Herrchen glaubt immer nur an seine himmlische Existenz, wenn es bei uns drunter und drüber geht.

Mittwoch, den 2. Juli 1997

Zwei Wochen sind wir in Südtirol gewesen. Wir hatten dabei so wenig Zeit, daß Frauchen nur ein Menschentagebuch schreiben konnte. So muß für meine Hundeerlebnisse ein zusammenfassender Bericht im Nachhinein genügen.

Meistens waren wir den ganzen Tag lang wandern. Bergauf und bergab. Mir machte das überhaupt nichts aus. Nur mein Rudel hatte ein paar Kilo abgenommen, obwohl sie abends immer gefressen haben, wie die hungrigsten und gefährlichsten Raubtiere. Für meine Freundin Rosi Plüsch hatte ich kaum Zeit. Bei unserer Rückkehr von den Tagestouren schlief ich jedesmal sofort ein. Herrchen und Frauchen erging es übrigens fast genau so.

Um die Schloß- und Burgbesuche bin ich natürlich nicht herumgekommen, obwohl ich so etwas gar nicht mag. Wenigstens akzeptierte man mich überall anstandslos auf Frauchens Schultern, so daß ich nicht immer im Auto warten mußte.

Alle Zweibeiner haben mich wieder bewundert. Daß ich kein Schoßhund, sondern ein sehr begabter Berghund bin, davon konnten sie sich mit eigenen Augen überzeugen, und ihr Mitleid war absolut unbegründet. Tja, auf meine flinken Beine war sogar mein Frauchen etwas neidisch.

Mit dem Wetter hatten wir meistens Glück. Heftige Gewitter gab es nur am Abend oder in der Nacht. Sie sahen sehr beeindruckend aus, denn unser Haus stand auf einem Hang mit weitem Panoramablick auf die berühmten Geisler-Spitzen. Jedes noch so große von Menschenhand inszenierte Feuerwerk wäre bei diesem Anblick vor Neid erblaßt.

Der Bauernhof, auf dem wir wohnten, wurde von einer schwarzen Mischlingshündin namens Hexi bewacht, die an einer langen Leine durch das Grundstück lief. Die Laufleine war mir selbstverständlich sehr sympathisch. Frauchen nahm von meinen Vorräten immer ein Leckerli für Hexi mit. Das fand ich weniger sympathisch. Aber ansonsten war mir diese Hexi ziemlich egal, denn im Gegensatz zu ihr durfte ich den ganzen Hof abschnüffeln, beträufeln, und auch für größere Sachen gab es genügend Grashalme.

Das spannendste Abenteuer erlebten wir an einer italienischen Tankstelle bei Bozen. Dort standen Frauchen und ich plötzlich drei großen ausgewachsenen Schäferhunden gegenüber. Es können auch vier oder fünf gewesen sein. Genau wissen wir das bis heute nicht, denn immer, wenn wir in Panik geraten, können wir einfach nicht mehr logisch zählen. Unsere Herzen bupperten um die Wette.

Die riesigen Hunde fletschten unmißverständlich die Zähne und bellten aus Leibeskräften wie kurz vor einem gefährlichen Angriff. Wir waren sicher, daß sie jeden Moment über uns herfallen würden. Frauchen sah in Gedanken schon die dicke, fette Schlagzeile in allen Tageszeitungen:

»DEUTSCHE URLAUBERIN MIT KLEINEM SÜSSEN HÜNDCHEN VON SECHS BESTIEN BRUTAL ZERFLEISCHT!«

Also, Phantasie hat ja mein Frauchen, das muß ich ihr lassen. Glücklicherweise war es ihr aber nicht wichtig, zur Schlagzeile zu werden. Blitzschnell zog sie mich mit dem Brustgeschirr nach oben in Sicherheit, und mutig schrie sie um sich: »Hilfe! Platz! Aus! Sitz!« Leider konnte sie kein Wort italienisch. Hunde verstehen eigentlich jede Sprache, vorausgesetzt sie wollen. Wir hatten keine Ahnung, ob diese fremden Hunde uns verstehen wollten. Es sah nicht danach aus. Als nächste Rettungsmaßnahme kehrte Frauchen den sieben Bestien den Rücken zu. Mich hielt sie weiterhin beschützend in ihren Armen fest. Wie nun weiter? Zurück ins Auto? Frauchen hatte irgendwie das Gefühl, die Hunde wür-

Wenn ich Herrchen nicht immerzu angetrieben hätte, wären wir überhaupt nicht vorangekommen. Ich kann viel länger wandern als er, obwohl meine Beine wesentlich kürzer sind!

den ihr dann beim Einsteigen, wenn sie sich notgedrungen etwas kleiner machen mußte, den Kopf abbeißen. Diese Vorstellung ließ ihr einen kalten Schauer über den Rücken laufen.

Ins Auto zurück trauten wir uns also nicht. Eiligen Schrittes lief Frauchen mit mir im Arm nun zum Tankstellenladen, natürlich nicht zu eilig, denn man weiß ja nie, wie die silbergrauen Wölfe das auffassen würden. Während der ganzen Zeit gab Frauchen noch immer die gleichen Kommandos wie: »Sitz! Aus! Pfui!« von sich. Letzteres war neu, aber das bemerkte niemand. Außer mir natürlich.

Nachdem wir uns endlich in den kleinen Laden gerettet hatten, spürten wir erleichtert, daß wir noch am Leben waren. Der Schreck saß noch tief in unseren Gliedern. Herrchen, der sich gerade drinnen nach dem Weg zum berühmten Rosengartenmassiv erkundigte, interessierte sich aber gar nicht für uns, sondern nur für sein armes, einsames und von uns so verantwortungslos im Stich gelassenes Auto. Wie konnten wir nur! Schnell rannte er los, und wir standen da, wie vom Regen begossen. Aber so sind die Männer! Da kämpft man gerade um sein Leben, und sie merken es nicht. Für Frauchen war das wie ein Schlag ins Gesicht, und zwar mit der Faust. Von wegen eine starke Schulter zum Anlehnen! Nichts da, alles nur Märchen. Das wahre Leben ist ganz anders.

Das alles ging Frauchen jetzt durch den Kopf. Niemand sah es ihr an, da war einfach nur ein unsichtbarer Schmerz ohne Worte. Ihr war jetzt die Lust vergangen, stark zu sein und diese Situation nicht so wichtig zu nehmen. Herrchen hatte sie wieder einmal tief enttäuscht. Das hatte gesessen. Nicht mal im Urlaub verschonte er sie mit seinen Rückfällen! Wie ich mein Frauchen kenne, zahlt sie ihm das irgendwann alles wieder heim, mit zynischen Ausbrüchen, hilfloser Gereiztheit oder als persönlicher Poltergeist. Herrchen würde schon sehen, was er davon hat. Und dann braucht er sich auch gar nicht mehr zu wundern, denn er ist ja selber schuld! Jawohl! Wir haben eine Wut im Bauch!

Da saßen die Bestien nun erwartungsvoll draußen in der Überzahl, direkt vor der gläsernen Ladentür, und warteten auf unsere Heldentat. »Ob sie sich wohl trauen?« schienen ihre hungrigen Augen uns mit Spannung zu fragen.

Eins war uns klar, wir wollten auf keinen Fall hier übernachten, dann sollten Sie uns lieber zu Gulasch zerreißen. Herrchen würde sicherlich im Nachhinein einiges zu bereuen haben und sich für seine Herzlosigkeit schämen. Aber dafür wäre es dann zu spät. Unser Fluch würde schwer auf seiner Seele lasten, und wir nahmen uns vor, ihm niemals zu vergeben. In unserer Todesangst malten wir uns alle möglichen Katastrophen bis ins kleinste Detail aus, und Herrchen kam gar nicht gut dabei weg.

Wir atmeten noch einmal tief durch, und dann vertrauten wir zitternd auf ein gutes Ende. Frauchen hielt mir sicherheitshalber die Schnauze zu, damit ich die da draußen nicht reizen konnte, und ab ging es. Frauchen versuchte, ihre Unsicherheit hinter einem leichten und beschwingten Gang zu verbergen. Einer von den acht silbernen Wölfen begleitete uns bis zum Auto, diesmal wenigstens ohne Gebell. Aber diese Stille war unheimlich. Wir taten, als wären wir unsichtbar. Jedenfalls gaben wir uns sehr große Mühe, uns das vorzustellen. Von Herrchen konnten wir ja keinen Schutz erwarten. Er ist nun mal kein Beschützertyp. Als Blitzableiter für Frauchen ist er viel besser geeignet. Darin ist er wirklich einsame Spitze, aber auch selber schuld, wie wir nun wissen.

Es ging alles gut. Wir brauchten noch ein paar Stunden, um uns von diesem Schreck zu erholen. Bis auf Herrchen natürlich, denn ihn ließ noch immer alles kalt. Er verstand unsere Aufregung nicht, und Frauchens hochrotes Gesicht übersah er einfach kühl.

Frauchen mußte mich während der Ferien noch öfter lebensrettend am Brustgeschirr nach oben ziehen, bevor ein anderer frei herumlaufende Hund etwas davon mitbekam. Vorausgesetzt, ich konnte mich rechtzeitig beherrschen und verriet nicht meinen sicheren Aussichtsplatz. Das war gar nicht so leicht. Aber meistens hielt ich dicht, denn sonst hätte ich ja auch mein Frauchen gefährdet.

Ich werde es ihr immer hoch anrechnen, daß sie ihr Leben für mich aufs Spiel gesetzt hat, ohne mit der Wimper zu zukken. Ich habe ihr symbolisch die Lebensrettermedaile für kleine Hunde verliehen.

Diese aufregenden Ferien werde ich mein Leben lang nicht mehr vergessen.

Wieder zu Hause angekommen, besuchte uns für ein paar Tage mein bester Freund Frank. Wir waren gemeinsam im Erfurter Zoo, und auf der Sommerrodelbahn schaute ich mit Frauchen zu, wie Herrchen und Frank ihren Spaß hatten. Das genügte uns vollkommen.

Ein paar Tage später besuchten wir den Leipziger Zoo. Leider war der Eintritt für Hunde dort nicht erlaubt. Da waren wir alle ganz schön traurig. Frauchen schrieb später sogar einen langen Brief an den Zoodirektor. Sie erhielt eine verständnisvolle Antwort, und man teilte ihr mit, jeder Tierpark oder Zoo verfüge über andere Richtlinien, je nachdem ob gute oder schlechte Erfahrungen gemacht wurden.

Nun, mein Rudel geht längst wieder auf Arbeit, und ich kann endlich wieder richtig ausschlafen. Wie gut, daß ich ein Hund bin.

Samstag, den 5. Juli 1997

Heute hat mich Frauchen zum Einkaufen mitgenommen. Damit ich auch etwas davon hatte, liefen wir erst zur Garage hinunter und holten Felix Nr. sechs ab. So konnte ich draußen im Auto vor dem Kaufhaus warten. Drinnen auf Frauchens Armen wäre es viel zu umständlich gewesen.

Frauchen machte viele gute Schnäppchen. Das sah ihr ähnlich. Schwer beladen kam sie zurück. Das sah ihr noch ähnlicher. Im Auto war es inzwischen ganz schön heiß geworden, beinah wie in einer Sauna. Frauchen erschrak darüber ein bißchen. Wie sehr man sich doch verschätzen kann. Den ganzen Tag gab es keine Sonne, aber ausgerechnet jetzt hätte sie fast ihr kleines Hündchen auf dem Gewissen gehabt.

Schnell luden wir die Sachen zu Hause ab. Danach brachten wir Felix Nr. sechs wieder in die Garage zurück. Frauchen wollte mit mir den längeren Weg nach Hause laufen, als Belohnung für mein geduldiges Warten. Aber sehr bald fing ich an, auf einem Bein zu humpeln.

Lagen da etwa ein paar Scherben herum? Vorsichtig untersuchte Frauchen mein Pfötchen. Plötzlich fiel zwischen meinen Zehen eine aufdringliche Ameise heraus. Ob sie die Ursache für meine Beschwerden war? Es brannte ganz schön.

Frauchen mußte mich bis in den Gruselpark tragen. Dort ließ sie mich dann leider herunter. Vor lauter Angst vergaß ich meine schrecklichen Schmerzen, und ich zog Frauchen wie ein Schlittenhund hinter mir her. Dieser Park war mir unheimlich. »Los Frauchen, beeil dich! Kannst du nicht noch ein bißchen schneller machen!?«

Hinter der Haustür hob ich mein brennendes Pfötchen sofort wieder hoch. Jetzt waren mir die Schmerzen wieder eingefallen, nachdem ich den Gruselpark lebendig überstanden hatte. Ich gönnte mir zu Hause ein langes Schläfchen, danach hatte das Brennen aufgehört. »Ich kann wieder laufen! Juhu!« Mein Jubel war nicht zu überhören. Unserer Wanderung am Nachmittag mit Herrchen stand nichts mehr im Wege. Darüber freute ich mich noch mehr.

Im Wald rutschte Herrchen eine neugierige Bremse unters Hemd. Er wurde sofort ganz weiß im Gesicht. So ähnlich erging es mir heute Vormittag bei meiner Ameise auch. Ich konnte ihn gut verstehen. Frauchen half Herrchen eifrig beim Oberkörperfreimachen. Ein bißchen zu eifrig, wie Herrchen beängstigt feststellen mußte.

Frauchen fand die Gelegenheit und den Ort sehr inspirierend. Man sagt auch, das törnte sie mächtig an. Herrchen sorgte sich derweilen um fremdes Publikum und war andauernd damit beschäftigt, Frauchen darauf hinzuweisen. Aber wir waren weit und breit allein, da brauchte Frauchen eigentlich gar nicht vernünftig zu sein. Sie fand es megastark und prickelnd zugleich, wenn mal die Frau die Initiative übernahm und der Mann nicht mag. Denn meistens ist es umgekehrt.

Bald war Herrchen aber wieder normal angezogen, ohne daß etwas passiert war. »Leider...«, dachte Frauchen enttäuscht. Hier im Wald wäre es fast wie im Film gewesen, der absolute Wahnsinn! Wenigstens summte die Bremse wieder in die Freiheit zurück. Für die war Herrchens Rücken bestimmt auch der absolute Wahnsinn. Aber zum Glück konnte sie sich beherrschen, so wie Frauchen.

Um Frauchen von ihren erotischen Phantasien abzulenken, rannte ich mit ihr zum Spaß um die Wette. Es ist doch immer wieder erstaunlich, wozu Hunde nützlich sein können. Ich gab Frauchen bei unserem Wettrennen einen kleinen Vorsprung am Start. So waren wir gleich stark. Natürlich konnte ich viel schneller rennen als ich vorgab, aber psychologisch wäre das für Frauchen nicht so gut gewesen, dann hätte sie garantiert keine Lust mehr gehabt. Für jemanden, der nur zwei Beine hat, war es trotzdem eine super Leistung!

Sonntag, den 6. Juli 1997

Heute sind wir mit Brunhilde und Iris-Blume, einem netten siebzehnjährigen Mädchen, nach Coburg auf die Veste gefahren. Dort durfte ich aber nicht mit in die Ausstellungen, noch nicht einmal auf Frauchens Schultern. Hund ist Hund, sagte man uns streng. Ob groß oder klein, ohne Ausnahme.

Bei den Menschen macht man genau in diesem Punkt gern einen großen Unterschied. Doch das interessierte jetzt keinen. Auch gut. Wir fanden trotzdem eine Lösung:

Während Herrchen bei mir blieb, durcheilte Frauchen alle Räume nach dem Motto: Hauptsache ich war dabei. Dann löste sie Herrchen ab. Nun durfte er sich drinnen in aller Ruhe umsehen. Brunhilde und Iris-Blume wählten ihren eigenen Rhythmus. Ich ging derweilen mit Frauchen in den

Außenanlagen auf Entdeckung. Mein Frauchen war in ihrem früheren Leben bestimmt mal ein Hund, denn sie weiß immer ganz genau, was ich brauche und wozu ich Lust habe. Und sie teilt es auch richtig gut für mich ein.

Am Nachmittag besuchten wir mit dem Rudel die Innenstadt von Coburg. Aber wir waren ziemlich fertig, und so beließen wir das Kennenlernen bei einem Schnupperkurs. Das können wir ja ein andermal nachholen.

Mittwoch, den 9. Juli 1997

Heute waren wir mit Iris-Blume im Tal. Der Platzwart machte uns darauf aufmerksam, daß Hunde auf dem Sportplatzgelände grundsätzlich verboten sind. Erst vor kurzem wäre ein Fußballer auf einem Hundekot ausgerutscht.

Frauchen erklärte dem Platzwart, daß ich seit meiner Welpenzeit sehr gern hierher komme und daß ich noch nie so etwas Unanständiges gemacht hätte. Für den Notfall hat Frauchen immer das »Hundeklopapier« dabei, und außerdem habe ich bis zum Sportplatz alle Geschäfte bereits erledigt. In letzter Zeit nerven uns die vielen Hundeverbote ungemein. Auch ein kleiner Winzling wie ich ist nicht frei von menschlichen Vorschriften. Hund bleibt Hund. Selbst wenn man mich oft scherzhaft als Eichhörnchen, Meerschwein, Katze oder Fuchs betitelt, wofür ich übrigens sehr viel Humor aufbringen muß.

Frauchen griff nach einer kurzen Überlegungsphase zu einer klugen Taktik. Sie lobte den Platzwart für die liebevolle und gepflegte Gestaltung der Sportanlage. »Da steckt sicherlich viel Arbeit drinnen«, sagte sie mit Kennerblick. Frauchen gab sogar noch einen drauf und stellte die mutige Behauptung auf, wir würden mit der ganzen Familie oft hierher zum Mittagessen kommen. Bisher hätten wir das immer sehr gern getan. Ich glaube, ich wurde sogar ein bißchen rot dabei. Mann, war mir das peinlich! So weit ich mich erinnern konnte, waren wir hier erst ein einziges Mal zum Mittagessen.

Doch Frauchens Einsatz war ganz umsonst. Das Sonderlob beeindruckte den Platzwart in keiner Weise, sondern er zeigte sich weiterhin von der harten Sorte und blieb unbestechlich. Noch einmal stellte er unverkennbar klar: »Hund bleibt Hund, da könnte ja jeder kommen.« Diesen Spruch hatten wir in letzter Zeit schon oft gehört. Bin ich vielleicht jeder?!

Frauchen holte zur letzten Überzeugungsschlacht aus. Sie versuchte es mit Politik. Gleich und gleich wäre dort auch nicht immer gleich. Und genauso kämen wir uns jetzt nämlich vor, schön doof und engstirnig behandelt. Bei dem einen drücke man ein Auge zu, bei dem anderen nicht. Wir wollten auch so ein zugedrücktes Auge! Schließlich bewege ich mich doch nur hinter den Toren oder drum herum, und nicht auf dem Spielfeld. Ob man denn da wirklich nichts machen könne?

Gespannt warteten wir ab, ob der Platzwart einlenken würde. Vielleicht hatte er unsere tiefgründige Philosophie gar nicht richtig verstanden. Das war gut möglich. Doch er zeigte sich nach kurzer Überlegungszeit von der intelligenten Seite. Mit dem Beispiel aus der Politik hatten wir ihn schließlich rumgekriegt. Ein feiner Mensch. Nicht so stur und kleinlich wie die meisten. Ich durfte also weiterhin mit meinem Frauchen hinter den Toren ein flottes Rennen veranstalten. Natürlich galt dieses Privileg nur für mich! Das ist doch sonnenklar! Wo kämen wir denn da hin, wenn das jeder machen würde! Allein richte ich ja keinen Schaden an. Und genau das versteht man unter einem echten Privileg. Es kann immer nur einer kriegen oder höchstens eine Minderheit.

An diesem Nachmittag spielten wir mit Iris-Blume noch eine lustige Runde Ball, und ich konnte mich voll verausgaben. Toll, so ein Privileg! Wir hatten es uns wirklich schwer erkämpft und fühlten uns wie die Sieger einer großen Schlacht.

Samstag, den 12. Juli 1997

Wir fuhren nach Potsdam Sanssouci. Ein paar Kilometer vor der Abfahrt blieben wir in einem Stau stehen. Ringsum waren wir eingekeilt von unternehmungslustigen aufgeheizten jungen Leuten, die zur »Love Parade« nach Berlin wollten. Die ersten von ihnen sprangen auf die Straße und tanzten zwischen den Autos.

Wir hatten herrliches Sommerwetter, und schon am Morgen war es heiß gewesen. Für jedes kühle Lüftchen fühlten wir uns dankbar. Das stundenlange Warten auf der Autobahn hätte uns sicherlich nicht gut getan, deshalb schummelten wir uns auf dem Haltestreifen bis zur nächsten Abfahrt und fuhren über Land weiter.

In Sanssouci mußte ich bei allen Besichtigungen draußen warten. Ein Rudelmitglied leistete mir immer treu Gesellschaft, denn sie wechselten sich ab. Der Park war nach meinem Geschmack, und ich durfte dort meinen Spaß haben. Frauchen organisierte das wieder sehr geschickt. Wenn ich nur endlich wüßte, was für ein Hund sie mal in ihrem früheren Leben gewesen ist! Sicherlich reinrassig. Na, ich kriege das schon noch raus. Jedenfalls rannte ich mit ihr und ihrem hübschen bunten Sommerkleid noch mal so gern über die großen Wiesen. Auf den Wegen liefen wir etwas gesitteter, fast wie königliche Herrschaften.

Vom vielen Grasfressen mußte ich mich später kurz vor dem chinesischen Teehaus übergeben. Vielleicht, so hoffte ich, würde ich dort einen heilenden Kamillentee oder wenigstens ein schattiges Plätzchen finden. Das wäre mir gerade recht gewesen. Ich war darin wirklich nicht sehr anspruchsvoll. Aber zum Glück wurde auch ohne Kamillentee alles wieder gut; ich kann mich eben auf meine Selbstheilungskräfte vorbildlich verlassen. Ansonsten hätte ich alt ausgesehen, denn außer viel Gold an der Fassade und einigen photosüchtigen Hochzeitspärchen entdeckte ich nichts besonderes an dem Teehaus. Die Chinesen haben mich sehr enttäuscht. Dabei sind sie berühmt für ihre Gastfreundschaft.

Ferienzeit ist Ausflugszeit. Und ich habe natürlich ein Wörtchen mitzureden, wenn es darum geht, wo wir hinfahren wollen. Also, heute bestimme ich! Mir nach!

Brunhilde und Iris-Blume waren nach dem Mittagessen stark geschwächt, und Herrchen schien mächtig unter der sengenden Hitze zu leiden. Frauchen dagegen fühlte sich fit. Energiegeladen stachelte sie das Rudel an, weiterzugehen und ja nicht zu lange Pausen einzurichten.

Brunhilde, Iris-Blume und Herrchen schlichen und krochen mehr oder weniger lustlos hinter ihr her, so als hätten sie wirklich keine Reserven mehr. Aber Frauchen hielt das Rudel erbarmungslos zusammen. Niemand traute sich schlapp zu machen.

Wenn sich Frauchen etwas in den Kopf gesetzt hat, dann ist sie nicht mehr zu bremsen.

Montag, den 4. August 1997

Der Juli war total verregnet. Vom Sommer spürten wir selten etwas. Im Oderbruch spricht man von einem »Jahrhunderthochwasser«. Das ist sehr schlimm. Viele Tiere können nicht mehr rechtzeitig gerettet werden. Die Menschen kämpfen gegen die Deichrisse. Hoffentlich können sie die große Katastrophe verhindern. Alles hofft und bangt. Aber die Schäden sind jetzt schon sehr groß.

Frauchens älteste Schwester Renate hat uns besucht. Ihre Tochter Christine ist zur Zeit mit Frauchens mittlerer Schwester Irene in Bulgarien. Ich fand die große Schwester sehr lieb, aber irgendwie war es auch sehr komisch mit ihr. Sie übernachtete eine ganze Woche bei uns und hatte überall im Haus hin freien Zutritt. In Frauchens Küche durfte sie sogar backen. Der Kuchen schmeckte ausgezeichnet, und Renate machte die Küche hinterher immer sehr schön sauber. Obwohl sie nicht gern wanderte, gefiel es ihr trotzdem sehr gut bei uns. Am liebsten bastelte sie aber Artischocken, strickte oder quatschte mit Brunhilde stundenlang. Ihre Themen gingen nie aus. Renate beteiligte sich auch an lustigen Spielen mit mir, und sie gab sich auf allen Vieren redlich Mühe. Ich fand das sogar lustig, aber bei meinem Frauchen sieht das nicht so albern aus.

Angestrengt dachte ich darüber nach, woran das wohl liegen mag. Vielleicht lag es an Renates gestreifter Hose, die mich am Hinterteil an ein wildes Zebra erinnerte. Kann sein, daß ich deshalb zu sehr abgelenkt war und darüber das Spiel vergaß.

Am Sonntag waren wir im Rosarium in Sangerhausen. Leider waren die meisten Rosen vom Regen zerstört. Meine Hundenase fand viele interessante Duftnoten. Hier war man übrigens sehr hundefreundlich eingestellt. Nur selten dürfen Hunde ihr Menschenrudel in solch eine schöne Parkanlage begleiten. Trotzdem lag nicht ein einziger Hundehaufen herum. Das beweist doch, wie sauber wir sein können, mit Hilfe der Menschen natürlich. Und bei so vielen schönen Rosen ringsum wissen wir Hunde uns schließlich auch zu benehmen.

Hinterher waren wir noch in Querfurt auf einer Burg. Dort gab es ein Museum, wo Hunde mit hinein durften. An diesem heißen Tag kamen wir ganz schön ins Schwitzen.

Dienstag, den 12. August 1997

Hurra, die Kinder sind wieder da! Ich bin ganz verrückt auf Frank und Christine. Am liebsten möchte ich sie schon morgens um fünf Uhr wecken gehen. Aber Frauchen findet meine Idee nicht besonders gastfreundlich.

Gestern wanderten wir gemeinsam in unser Tal. Beim Ballwegklauen war ich immer der Beste und der Schnellste. Den ganzen Tag über gab es lustige Spiele. Wo die Kinder sind, bin ich auch zu finden.

Letzten Sonntag besuchten wir alle zusammen Schloß Burgk, und danach machten wir noch einen Abstecher an den Stausee. Frauchen stellte mich ohne Vorwarnung in das kalte Stauseewasser. Das fand ich nicht unbedingt notwendig. Als Hund muß man sehr viel Spaß verstehen.

An einem anderen Tag fuhr mein Rudel nach Zeulenroda ins Freizeitbad Waikiki. Leider dürfen Hunde dort nicht mit hinein. So habe ich zu Hause bei Brunhilde gewartet. Aber zu Mittag waren sie alle wieder für mich da. Ich finde, es sollte noch viel mehr Ferientage für Kinder geben!

Montag, den 18. August 1997

Hinter mir liegt eine tolle Ferienwoche. Unbedingt nachtragen möchte ich noch einen interessanten Freibadbesuch meines Rudels in Hermsdorf. Frauchen erzählte mir davon.

Sie hatte es sich gerade auf einer Bank am Rande des Wasserbeckens gemütlich gemacht, Herrchen und die Kinder sprangen vergnügt ins Wasser, da bemerkte sie den Bademeister, der direkt auf sie zusteuerte.

Und tatsächlich, er blieb vor ihr stehen. Frauchen war gespannt, was er auf dem Herzen haben würde, denn es mußte sich um irgend etwas Verbotenes handeln, was er gleich bemängeln würde. Das spürte sie regelrecht in der Luft und auch ein bißchen auf der Haut. So sehr sich Frauchen in Windeseile auch bemühte, sie kam nicht von selbst darauf. »Sie dürfen nicht in Straßenbekleidung hier sitzen bleiben!« war das erste Gebot, das der Bademeister ihr mitzuteilen hatte.

Frauchen wollte zunächst wissen, ob hier die »Versteckte Kamera« gedreht wird. Sie verstand nämlich nur Bahnhof. Der Bademeister verneinte ihre Frage todernst. Das riecht nach Vorschrift, dachte Frauchen.

Sie erhob sich langsam von der Sitzbank und zog sich provozierend vor ihm aus. Sie kam sich dabei aber eher ziemlich doof vor, und es erinnerte sie ein klein wenig an eine Peepshow. Zum Glück hatte Frauchen unter ihrer leichten Sommerbekleidung noch etwas darunter. Sie trug einen schikken Badeanzug.

Dem Bademeister schien ihr Körper zu gefallen, aber das registrierte er nur ganz kurz, indem er einmal schluckte. Dann wurde er wieder dienstlich. »Das genügt nicht, denn die Badesachen dürfen nicht auf der Bank abgelegt werden!« Frauchen verstand immer noch Bahnhof.

Er erklärte ihr ernsthaft weiter, man möchte den Platz am Wasser so sauber wie möglich halten, und deshalb dürfe man sich nur in Badebekleidung in unmittelbarer Nähe des Bekkens aufhalten. Die Verbotsschilder hatte Frauchen glatt übersehen. Sie hatte auch nicht vorgehabt, irgend etwas schmutzig zu machen.

Aber einige Menschen brauchen eben diese Verbotsschilder, und die anderen müssen sich dem unterordnen. Obwohl sie getrost am Wasser sitzen könnten wie sie Lust und Laune haben, weil Ordnung und Sauberkeit für sie nämlich selbstverständlich sind.

Frauchen fühlte sich verklapst, ja sogar verletzt. In ihrem Inneren wußte sie bereits: Hier komme ich nicht wieder her! Eigentlich lächelt Frauchen über so etwas großzügig hinweg, aber manchmal ist sie eben auch etwas kleinlich, wie diese ganzen Vorschriften hier. Da kann sie nicht über ihren Schatten springen.

Montag, den 25. August 1997

Frauchen ging es dieses Wochenende nicht so gut, sie sagte, eine Hexe hätte sie geschossen. Was das nun wieder sein soll! Jedenfalls kam sie früh nur mit Herrchens Hilfe aus dem Bett. Und obwohl sie ohne Herrchens starke Hand nicht einmal allein aus dem Auto steigen konnte, gab Frauchen mir zuliebe ihr Bestes. Wir wollten nämlich das Tierheimfest besuchen und danach noch im Wald eine schöne Wanderung machen.

Im Tierheim gefiel es mir keine Sekunde lang. Ich fragte mich, ob ich hier bleiben muß. Vielleicht, weil Frauchen jetzt eine persönliche Hexe hatte? Aber mein Rudel beruhigte mich. Sie wollten nur das Tierheim besichtigen und eine kleine Spende hinterlegen. Herrchen wartete mit mir auf dem Festplatz, damit Frauchen alle ihre Leckerlis verteilen konnte. Natürlich reichte es wieder nicht für alle Hunde, weil sie bei den ersten schon schwach geworden war. Das war nicht anders zu erwarten gewesen.

Oh, wenn ihr Menschen verstehen würdet, was euch alle diese Hunde zurufen! Dann würdet ihr euch die Ohren zuhalten! Es geht einem unter die Haut, wie diese unglücklichen Kreaturen nach einem neuen Frauchen oder Herrchen betteln. Die meisten haben Sehnsucht nach ihrem alten Rudel und können nicht verstehen, warum sie hierher gebracht oder – schlimmer noch – einfach ausgesetzt wurden. Es ist sooo schrecklich!

An die klugen Menschen: Ihr sagt doch immer bedeutungsvoll: »Hunde sind wie Kinder.« Aber eure Kinder gebt ihr nicht so ohne weiteres in einem Kinderheim ab, wenn ihr Probleme mit ihnen habt. Oder?!

Vor meiner Zeit probierte es mein Rudel mit einer Tierheimhündin. Sie hieß Tina, und Frauchen begegnete ihr bei so einem Tierheimfest. Leider war Tina zu stark für Brunhilde. Beim Gassigehen berührten Brunhildes Füße kaum noch den Boden und sie drohte jedesmal abzuheben.

Mit den Wellensittichen hat sich Tina auch nicht so recht verstanden. Sie führte etwas mit ihnen im Schilde. Pitti und Conny hätten zurückstecken müssen. Unter Tränen nahm man deshalb wieder voneinander Abschied. Zum Glück fand Tina bald ein neues Zuhause. Wir hoffen, es gefällt ihr dort und es geht ihr gut.

Die Wellensittiche sind trotzdem schon lange nicht mehr bei uns. Frauchens mittlere Schwester Irene hatte sie während unseres Urlaubes im vorigen Jahr zu Hause in Greiz beaufsichtigt, und dabei war ihr Conny, der zahme Sprechkünstler, auf- und davongeflogen.

Bei Irenes Familie sind schon viele Tiere spurlos verschwunden. Die Hoffmänner haben einfach keine glückliche Hand. Zur Strafe mußte Irene nun den Pitti behalten. Die Hoffmänner besorgten ihm bald einen neuen Gefährten, und beide wurden zusammen an eine neue Familie weitervermittelt. Dort ist Pitti glücklich, und ich bin es auch, weil es jetzt nur noch mich gibt.

Wenn Frauchen heute an Conny denkt, befürchtet sie immer, daß ihm etwas Schlimmes zugestoßen sein könnte. Sicher hat er seine Freiheit gar nicht genießen können, sondern er ist verhungert oder erfroren. Genauso gut könnte ihm eine zugeklemmte Tür zum Verhängnis geworden sein, oder ein heißer Kochtopf, denn der neugierige Conny kannte da keine Zurückhaltung. Nur Frauchen wußte als Vogelexpertin, daß sie ihm beim Kochen immer den Rücken zukehren muß.

An Wellensittich Pitti denkt Frauchen noch ab und zu heimlich mit gemischten Gefühlen. Sie hat ein schlechtes Gewissen, weil sie ihn einfach fortgegeben hat, und im Nachhinein findet sie ihre Entscheidung herzlos. Ja, ja, so ist das mit den Gefühlen der Frauen. Da sieht es so aus, als ob sie für eine Entscheidung stark genug seien, aber dann rumoren in ihrem tiefsten Innern Selbstvorwürfe und Spannungen...

Doch zurück zum Tierheimfest. Unter den Tierheimgästen war auch Billi mit seinem Herrchen. Man sollte annehmen, daß nur Menschen hierher kommen, die keine Hunde haben. Aber genau das Gegenteil ist der Fall. Gerade die Hundebesitzer nehmen sehr großen Anteil an der Weiterentwicklung des Tierheims und dem Wohlergehen seiner Bewohner.

Leider hat das Tierheim Existenzsorgen, und das nicht zu knapp. Hier arbeiten tierisch fleißige Menschen. Hingebungsvoll sind sie für die Tierheimbewohner immer zur Stelle – auch in ihrer Freizeit. Vielleicht schreibe ich mal eine Fersehserie über ein Tierheim. Diese Idee hatte bisher noch keiner.

Während unserer Wanderung nach dem Tierheimbesuch kämpfte Frauchen tapfer mit ihrer Hexe. Im Wald hörte man sie ab und zu einen hohen Tarzanschrei ausstoßen und fluchen, wenn einer ihrer Schritte zu groß gewesen war. Ich erkannte indessen viele Duftnoten von Tierheimhunden. Ich konnte mich im Beinchenheben gar nicht beherrschen und signalisierte allen stolz: »Ich bin ein sehr glücklicher kleiner Hund, und ich wünsche euch allen bald ein schönes neues Zuhause. Am liebsten möchte ich jeden von euch mit zu mir nach Hause nehmen, denn dort ist es Spitze! Aber das geht leider nicht, weil ich mein Rudel gern für mich alleine haben will. Das versteht ihr doch sicher. Haltet durch!!! Bestimmt kommt bald ein lieber Mensch, der euch zu sich nach Hause holt. Euer Gismo.« Meine Zeilen sollten ihnen beim nächsten Rundgang Mut machen und ihnen sagen, daß sie niemals die Hoffnung verlieren dürfen.

Am Sonntag waren wir in Merseburg und Freyburg. Iris-Blume gehörte auch zum Rudel. Es war sehr heiß und eigentlich Badewetter. Deshalb fuhren wir am frühen Nachmittag schon wieder nach Hause. Es gab nur noch wenige Räume im Haus, die angenehme Kühle spendeten. Dort hielten wir uns den Rest des Tages auf.

Am Abend trennte sich mein Rudel schweren Herzens von der kleinen Wohnzimmercouch. Die Entscheidung wurde aus Platzgründen getroffen. Eigentlich war sie ein wertvolles Erbstück von Frauchens Eltern. Leider paßte das gute Stück auch nicht durch die Bodentür, dann hätte sie im Gästezimmer noch einen guten Verwendungszweck gefunden. Aber es sollte eben nicht sein. Das einzig gute daran ist, wir haben jetzt mehr Platz in unserem kleinen Wohnzimmer.

Sonntag, den 31. August 1997

Dieses Wochenende waren wir auf der Moritzburg bei Dresden. Leider durfte ich Frauchen nicht hineinbegleiten. So trennte sich mein Rudel in zwei Hälften. Mit meinem ersten Rudelpärchen (das waren Herrchen und Frauchen) lernte ich den großen Park kennen. Mit meinem zweiten Rudelpaar (das waren Iris-Blume und Brunhilde) durchstöberte ich alle Andenkenläden, die es gab. Ab und an mußte ich auch ein paar Konkurrenten verbellen. So kam es, daß mich Frauchen schon von weitem heraushörte. Herrchen war noch im Schloß geblieben, denn er besichtigte wie immer alles sehr gewissenhaft.

Während wir brav auf ihn warteten, spielte ich mit ein paar Touristen »lustige Küßchen verteilen«. Die berühmten »Küßchen« aus der Werbung würden mich glatt darum beneiden. Ich stellte sie jedenfalls durch meine Beliebtheit weit in den Schatten. So kam es, daß sich innerhalb ganz kurzer Zeit sechs bis acht Zweibeiner zu mir im Kreis hinunterhockten und alle ganz scharf auf meine »Gismo-Küsse« waren. »Zack, Zack, und schon ist wieder eine Nase weg!« Doch ganz so gefährlich waren meine Küßchen nun auch wieder nicht, denn alles lachte. Diese Menschen gefielen mir so sehr, daß ich noch mehr aus dem Häuschen geriet. Das habe ich mir bei diesem Billi abgeguckt.

Zum Mittagessen gingen wir in ein hübsches kleines Lokal, und ehe ich mich versah, stand ich erneut im Mittelpunkt der Leute. Am Nachbartisch fanden sie mich zuckersüß, und sie lockten mich andauernd mit Sprachzeichen, denen ich als Hund nicht widerstehen konnte. Ich begriff sofort: Die wollen mich kennenlernen. Nichts wie hin!

Die Sitzbank war ungeheuer praktisch dafür, denn sie gestattete mir ohne fremde Hilfe ein selbständiges Kennenlernen. Ich brauchte nur auf ihr entlangzulaufen, und schon war ich bei meinen neuen Bekannten angekommen.

Herrchen und Frauchen waren von dieser Idee nicht sehr begeistert, denn sie hätten mich lieber besser unter Kontrolle gehabt. Dazu mußte ich allerdings brav bei ihnen sitzen bleiben und niemand durfte mich am Nachbartisch unwiderstehlich finden.

Aber wie immer war ich auch diesmal unschuldig, denn ich hatte nicht damit angefangen. Mein Hundeblick war Schuld. Diesem konnten die Leute einfach nicht widerstehen, so daß sie mich unbedingt kennenlernen wollten und mich aufforderten. Ich finde, das war auf beiden Seiten ein sehr schönes Zusammentreffen.

Ich genoß jedenfalls meine neuen Streicheleinheiten am anderen Ende der Sitzbank, Herrchen und Frauchen hatte ich längst überredet, mir das zu erlauben, und die Fremdlinge wußten nun, wie ich mich anfühlte. Nämlich schön zart und weich. Sie schmolzen vor Entzücken dahin. Ich mag Werbung für mich!

Nach dem Mittagessen liefen wir zum Fasanenschlößchen und zur Mole. Auf dem Rückweg bekam Frauchen plötzlich ganz starke Bauchschmerzen, weil sie die heiße Schokolade zusammen mit den Pilzen nicht vertragen hatte. Zum Glück war ein Wald in der Nähe. Eilig übergab Frauchen alle Utensilien, die sie nicht gebrauchen konnte – Tasche, Jacke und mich – an Herrchen. Sie bewaffnete sich selbst noch mit einer Menge Zellstofftaschentüchern, und dann blieb nicht mehr viel Zeit übrig. Frauchen sah ganz schön verkrampft aus und irgendwie so merkwürdig verzweifelt. Mit Müh und Not stürzte sie davon. Gerade noch rechtzeitig erreichte sie einen geeigneten Platz hinter einem großen dicken Baum. Mein Rudel amüsierte sich derweilen über ihre äußerst prekäre Notlage. Das fand ich von ihnen sehr gemein.

Danach ging es Frauchen wieder besser. Sie hatte zwar eine panische Angst, es könnte nicht nur bei dem einen Mal bleiben, aber die Heimfahrt hat sie trotz Stau ohne besondere Vorkommnisse überstanden.

Heute besuchten wir die Heidecksburg in Rudolstadt. Ich durfte Frauchen auf der Schulter überallhin begleiten. Für kleine Hunde hatte man hier ein sehr großes Herz, das spürten wir sofort. Anschließend tobten wir noch auf der großen Wiese im Park herum.

Dienstag, den 2. September 1997

Frauchen kam zeitig von der Arbeit zurück. »Hurra! Heute ist die Zeit aber schnell vergangen!« jubelte ich. Doch Frauchen ist krank. Sie hat eine Magen-Darm-Grippe. Wie schön für mich. Für Frauchen weniger.

Wir schliefen viel und gingen kleine Gassi-Runden. Draußen war es noch sehr warm. Der September zeigt sich super sommerlich. Leider kann ich meinen Pelzmantel niemals ausziehen.

Freitag, den 5. September 1997

Frauchen war die ganze Woche nie lange außer Haus. So eine Krankschreibung gefällt mir. Trotzdem halte ich morgens ihr zu liebe brav meinen langen Wochenschlaf, damit sie sich ausruhen kann.

Im Fernsehen und in den Zeitungen spricht man nur von einer einzigen Frau: Prinzessin Diana, die Königin der Herzen. Sie ist tödlich verunglückt. Man war wieder einmal auf der Jagd nach ein paar gewinnbringenden Fotos von ihr.

Jetzt können die großen Vermutungen losgehen, sagt Frauchen. Ihr fällt es gar nicht schwer, die nächsten Storys über die tote Prinzessin vorauszusagen. Bestimmt heißt es bald, es war ein Attentat. Und einige sensationshaschende Köpfe werden sicherlich behaupten, daß Diana schwanger gewesen sei. Alles ist eine Frage der Phantasie, genau wie in einer Fernsehserie. Man muß nur den Geschmack des Publikums kennen. All diese Geschichten werden von der Klatschpresse erfunden, um die Leser nicht zu verlieren, meint Frauchen. Die meisten Leute wissen zwar, daß die Wahrheit weit verfehlt ist, aber sie mögen diese Illusionen und wollen wie große Teenager hautnah dabei sein. Spekulationen sind alles für sie. Nur die Hauptdarsteller sind echt, und sie zahlen einen hohen Preis.

Dienstag, den 9. September 1997

Seit ein paar Tagen ist die ganz große Hitze vorbei. Ab und an schaltet sich schon wieder die Heizung im Hause ein.

Am vergangenen Wochenende wanderten wir hinter Hermsdorf zum »Waldfrieden«. Dort befindet sich eine Art Schutzhütte mit Tischen und Bänken davor. In unserem neuen Wanderwald können wir in Zukunft noch viele Wege erkunden.

Am Sonntag war Billi seinem Herrchen ausgerissen, weil er mit mir spielen wollte. Aber das habe ich ihm laut ausgeredet. Der wollte doch bloß wieder, daß ich den Hasen spiele.

Zu allem Unglück trafen wir auch noch den riesengroßen »Aramis«. Er ist ein Irish Wolfshund und gehört zur größten Hunderasse der Welt. Ich bin der Kleinste unter allen Hunderassen. Und so ist es ein sehr beachtlicher Augenblick, wenn sich der größte und der kleinste reinrassige Hund der Welt hautnah gegenüber stehen. Aramis geht meinem Frauchen bis an die Schultern. Er ist immer etwas traurig, weil keiner mit ihm spielen will wegen seiner Größe. Ehrlich gesagt, ich verspürte dazu auch keine besondere Lust.

Erst zu Hause taute ich wieder auf und ich verteidigte bellfreudig unseren Besitz gegen alle möglichen Geräusche, die vor dem Haus auftauchten. Das konnten sein: rollschuhfahrende Kinder, Pfiffe (wir haben hinter dem Haus einen Pfeifer, der bei den Nachbarn keine Klingel benutzt), und wehe es fiel jemandem ein, sich vor unserer Haustür angeregt zu unterhalten. Da war ich nicht zu bändigen, ganz im Gegenteil!

Frauchen will mich ab jetzt strenger erziehen. »Das schafft die nie!« dachte ich leichtfertig. Aber sie bringt es tatsächlich fertig und steckt mich neuerdings jedesmal zur Strafe in die riesige Menschenbadewanne, natürlich ohne Wasser. So streng kann sie es nun wirklich nicht mit mir treiben! Trotzdem, zehn Minuten muß ich eisern ausharren. Eine Ewigkeit für mich! Mir wird zwar klar, daß ich etwas falsch gemacht haben muß. Aber ob ich mir das bis zum nächsten Mal merken kann? Daran zweifele ich wirklich sehr.

Das Kommando »Platz!« oder der zwickende Griff in den Nacken haben mir bisher nicht sonderlich geholfen ein gehorsamer Hund zu werden. Vielleicht klappt es mit dem »Badewannentrick«, hofft Frauchen.

Aber eines finde ich total unfair: Was ist so falsch daran, wenn ich unser Haus verteidige?! Frauchen müßte sich doch eigentlich darüber freuen. Und genau deshalb kann und will ich mir das nicht abgewöhnen.

Donnerstag, den 11. September 1997

Ich bin ein Nachtschwärmer. Sehr zum Leidwesen meines lieben Frauchens. Sie muß mich nachts immer zum Bullern auf den Hof begleiten. Bei unserer letzten großen Runde vor dem Schlafengehen werde ich so sehr von Katzen und der Dunkelheit erschreckt, daß ich höchstens nur ein einziges Mal das Bein hebe. Das reicht natürlich nicht bis zum anderen Morgen.

*Das könnte Frauchen so passen! Aber den Gefallen
tue ich ihr nicht, sie muß sich schon weiter mit mir nach
draußen bequemen und Gassirunden drehen.
Der Deckel bleibt zu!*

Immer wenn ich Frauchen dann nachts wecken muß, fühle ich mich sehr schuldig. Bevor wir die Treppe hinuntergehen, lege ich mich zu ihren Füßen nieder, damit sie sehen kann, wie leid es mir tut. Das macht Frauchen etwas einsichtiger. Aber dann muß sie draußen ganz schön in der Kälte zittern, bis ich mit meinem Geschäft fertig bin. Die Nächte sind ziemlich kühl geworden. Zum Glück kann Frauchen gleich wieder einschlafen. Das hat sie gut trainiert. Ihr Gegenangriff läßt jedoch nicht lange auf sich warten: Jeden Morgen um sechs Uhr weckt mich Frauchen mit ihrer süßen Stimme. »Gismo, aufstehen, wir müssen Gassi gehen!«

Heute morgen flüsterte sie mir zusätzlich folgenden Satz ins Ohr: »Rache ist süß!« Ich konnte regelrecht fühlen, wie sie diesen Satz mit allen Sinnen genoß.

Seitdem bin ich wach. Hoffentlich kann ich nochmal einschlafen, auch wenn es vor dem Haus immer lebhafter wird. Aber ich bin ja sooo müde. Hauptsache, Brunhilde weckt mich nicht vor zehn.

Freitag, den 12. September 1997

Heute gingen wir ins Tal. Es war noch einmal sommerlich warm und Frauchen wollte diesen Spätsommertag mit mir genießen. Am liebsten möchte sie diese Jahreszeit behalten. Der Winter könnte ruhig ausfallen.

Seit zwei Tagen ist mein Frauchen kein »Blonder Engel« mehr, zumindest was ihre Haarfarbe betrifft. Sie sieht jetzt eher wie eine Kastanie aus. Herrchen ist mit seinem neuen Frauchen ganz zufrieden.

In Wirklichkeit bin ich ja wie alle Hunde farbenblind, aber ich überlege jetzt ernsthaft, ob ich vielleicht meine Fellfarbe ebenfalls ändern lassen sollte. So etwas steckt einfach an. Nur Herrchen kann das nie passieren, denn er weint um jedes graue Haar, das ihm ausfällt. Der hat sich aber! Frauchen sagt dann immer tröstend zu ihm: »Graue Haare und Falten machen Männer erst so richtig sexy. Mit zunehmenden Alter werden Männer sogar schöner.« Und neidvoll gesteht sie mit einem schweren Seufzer hinterher: »Bei Frauen ist das leider nicht der Fall.«

Bis vor kurzem quälten Frauchen noch ganz andere Sorgen. Wegen einer Umleitung mußte sie nämlich Autobahn fahren, und dort war sie der Schrecken aller Autofahrer. Nach einer Woche hatte sie endlich ihre Unsicherheiten abgelegt. Es ging ihr wieder gut und den anderen Autobahnbenutzern auch.

Unsere Stadt feierte heute ein großes Ereignis. Der Steinweg, die Hauptgeschäftsstraße zum Markt, wurde nach langer Bauzeit neu eröffnet. Einige Bürger meckerten zwar noch über kleine Mängel, aber das wird sich mit der Zeit schon legen. Den Menschen fällt es schwerer, etwas zu loben, als sich über Ungereimtheiten den Kopf zu zerbrechen, zu streiten oder zu schimpfen. Wir Hunde sind da ganz anders. Ich glaube, wir sind einfach nur genügsamer. Und deshalb werden wir von den Menschen auch so geliebt. Es findet sich nämlich kein Mensch, der so ist wie ein Hund. Es gibt aber auch keinen, der so sein will wie ein Hund, und das gibt mir zu denken.

Dienstag, den 16. September 1997

Seit meiner Geburt bin ich Stammkunde in unserer großen Drogerie. Wenn Frauchen ab und zu ohne mich hingeht, erkundigen sich alle Verkäuferinnen freundlich nach mir und bestellen schöne Grüße an mich.

Jetzt ist das plötzlich anders. Das neue Personal hält sich an die Verbotsschilder für Hunde. Hin und wieder schmuggelt mich Frauchen trotzdem durch. Das finden wir ganz spannend. Frauchen hält mich fest im Arm. Ich komme mit nichts in Berührung, außer mit der Luft, die ich zum Ein- und Ausatmen brauche. Hundefreunde wie mein Frauchen sind unbelehrbar, wenn es um ihren vierbeinigen Liebling geht, und sie vertreten eine sehr lockere Einstellung zur Hygiene. Wir Hunde haben nichts dagegen.

Bei meinem Studium über die Menschen habe ich jetzt ein neues Fachgebiet begonnen. Ich will herausfinden, warum die Zweibeiner so verschieden auf meine Ausstrahlung reagieren. Ohne zu übertreiben, kann man aus ihrem Verhalten schlußfolgern, ob es sich um einen Tierfreund handelt oder nicht.

Den meisten Menschen falle ich auf, und sie können nicht so ohne weiteres achtlos an mir vorübergehen. Sie lächeln und freuen sich über meinen Anblick. Sehr gern beginnen sie ein Gespräch mit mir oder mit meinem Frauchen.

Wer ohne eine einzige Geste an mir vorübergeht, der ist anders. Entweder ist er verschlossen, schüchtern, herzlos oder verbiestert. Das kann man an der Gestik und am Geruch sehr genau unterscheiden. Die Schüchternen bewundern mich hinterrücks heimlich, wenn es keiner sieht. Sie gehören aber mit zur Gruppe der netten Zweibeiner. Ich wirke auf die meisten Menschen wie ein »Bunter Hund«. In Wirklichkeit gibt es einen solchen Hund nicht (zumindest habe ich noch keinen gesehen), aber sie halten mich trotzdem für einen.

Bei den verbiesterten und emotionslosen Menschen läuft mir jedesmal ein eiskalter Schauer über den Rücken. Brrrr! Sie ignorieren mich oder machen sich über mich lustig. Manche von ihnen bezweifeln gar, daß ich ein richtiger Hund bin. Das finde ich etwas respektlos von ihnen. Aber diese Sorte von Mensch ist in Wirklichkeit ebenfalls harmlos. Sie sind arme Geschöpfe, weil sie ihre wahren Gefühle nicht zeigen können. Im Innersten bewundern sie mich natürlich auch, da bin ich mir ganz sicher.

Es gibt unter den Zweibeinern noch die Gruppe der Ängstlichen. Die sind meistens schon mal von einem Hund gebissen worden. Diese Menschengruppe ist noch harmloser.

Eigentlich habe ich überhaupt noch nie einen Menschen kennengelernt, der nicht wenigstens heimlich nach mir geschielt hat.

Dienstag, den 23. September 1997

Die ersten beiden Septemberwochen waren schön sonnig. Aber an jedem Mittwoch und an jedem Freitag waren selbstverständlich wolkenverhangene Ausnahmen an der Tagsordnung, weil Frauchen dann zeitig Feierabend hat. Aber wenigstens regnete es nicht.

Nachts hatten wir schon Frost. Die ersten Autofahrer fluchten mit den Eiskratzern in der Hand. Wir auch, denn sie kratzten uns rücksichtslos aus dem Schlaf. Morgens möchte Frauchen am liebsten im Wintermantel aus dem Haus gehen. Aber ab den Mittagsstunden braucht sie keine Jacke mehr. Einige Menschen bekleiden sich in der zweiten Tageshälfte nur mit kurzen Hosen, und in den Gärten sieht man noch nackte Oberkörper.

Frauchen packt im Augenblick wieder einmal die Urlaubskoffer, denn am Sonntag fahren wir für ein paar Tage nach Trier an die Mosel. Frauchen hat an alles mögliche zu denken, und meine Tasche muß sie auch noch packen. Für den Aufenthalt in einer Ferienwohnung gilt es, vorausschauend zu planen, wenn man nicht gleich bei der Anreise im Supermarkt umherirren will. Aber darin ist Frauchen ein geübter Reiseleiter.

Seit einigen Nächten schlafe ich artig durch. Frauchen geht abends zwischen Wetterbericht und Nachrichten mit mir auf den Steinweg zum »Laternenbullern«. Bis wir wieder zu Hause sind, habe ich keinen einzigen Tropfen mehr übrig. An die Dunkelheit habe ich mich gewöhnt. Später erledige ich noch ein Gassi auf dem Hof. Das reicht dann bis zum anderen Morgen.

Am Wochenende haben wir Rambo kennengelernt, einen neuen Yorkshire. Er wohnt gleich um die Ecke und ist ein halbes Jahr alt. Vorhin trafen wir ihn zum zweiten Mal. Ich hasse Yorkshire! Und Yorkshirebabys erst recht! Die sind ja noch nicht einmal stubenrein! Frauchen mußte diesen Rambo natürlich streicheln und ihm sagen, was er für ein hübscher Kerl ist. Und was ist mit mir?! Das ist ja irgendwie nicht ganz fair! Ich regte mich sehr darüber auf. Zu guter Letzt mußte ich auch noch an Frauchens Hand schnuppern. Diese stank bestialisch nach lauter Rambo, wie nicht anders zu erwarten. Pfui Teufel! So kann nur ein Baby-Hund riechen.

Manchmal hat mein Frauchen komische Erziehungsmethoden.

Sonntag, den 28. September 1997, ganz früh

Obwohl heute Sonntag ist, ist mein Rudel schon sehr zeitig aufgestanden. Ich habe mich ihnen bald angeschlossen, denn mit den vielen Taschen und Koffern geht es sehr geschäftig im Hause zu. Diesen Zustand kenne ich. Hurra, Urlaub!! Da will ich lieber nichts verpassen. Wer weiß, sonst vergessen sie mich noch. Ich freue mich auf die vielen Wanderungen und auf den besonderen Duft der großen, weiten Welt. Brunhilde kommt diesmal auch wieder mit.

Sonntag, den 28. September 1997, abends

Von sechs bis zehn Uhr sind wir unterwegs gewesen. Am Anfang war es auf unserer Fahrt über die Autobahn noch sehr neblig und dunkel, da konnte ich gar nicht viel erkennen. Ich machte auf Frauchens Schoß kein Auge zu. Es ist besser, wenn ich mit aufpasse. So wie immer.

In Minheim an der Mosel waren wir am Ziel. Mein Rudel ist von der Landschaft und der Ferienwohnung hell begeistert, und ich auch. Nach dem Mittagessen machten wir gleich einen Abstecher in die herrlichen Weinberge, wo es wunderbare Wanderwege zu entdecken gibt. Über eine Stunde waren wir zu Fuß unterwegs, und die Sonne brannte sehr heiß herunter. Brunhilde kam mächtig außer Puste.

In der Ferienwohnung spielte ich später eine flotte Runde mit Rosi Plüsch. Frauchen bewunderte meine hervorragende Ausdauer. Kopfschüttelnd meinte sie zu mir: »Daß du jetzt noch Lust auf Sex hast?!« Tja, da staunst du, was Frauchen?! Herrchen beneidete mich ebenfalls um meine Rosi, denn er besitzt leider kein so unkompliziertes Frauchen aus Plüsch für gewisse Stunden.

Am Abend liefen wir gemütlich an der romantischen Mosel entlang und bummelten durch den kleinen Ort. Diese Ferien sind ganz nach meinem Geschmack. Mein Appetit beweist es deutlich. Heute habe ich ein ganzes Schälchen meines Lieblingsfutters verputzt. Mhmmm, lecker!

Montag, den 29. September 1997

An Ausschlafen war heute nicht zu denken. Schon um halb sieben mußte ich bullern gehen. Eigentlich noch etwas früher, aber Frauchen holte mich protestierend ins Bett zurück. Gestern Abend sind wir eine große Gassirunde umsonst gelaufen, denn die Dunkelheit und die fremden Geräusche machten mir Angst. Schließlich glaube ich noch an echte Gespenster.

Nun, nach dem Frühstück ging es los. Ein neues Abenteuer konnte beginnen. Juhu!!!

Wir fuhren nach Trittenheim an die Moselschleife. Dort traf ich viele Hunde, denen ich energisch meine Meinung sagen mußte. Außerdem stand ich einer Meute Urlauber aus einem Reisebus Rede und Antwort. Jeder fand mich liebreizend, und ich war ihr schönstes Urlaubserlebnis.

Später fuhren wir nach Trier. Dort trafen wir kurioserweise die Reisegesellschaft wieder. Das gab ein Hallo!

Dann schwebten wir mit der Seilbahn über die Mosel zum Weißhaus. Frauchen zitterte ein bißchen, weil sie sich andauernd vorstellte, wie es ist, wenn man mit der Gondel ins Wasser abstürzt. Niemanden interessierte das außer ihr.

Die Gaststätte im Weißhaus hatte leider geschlossen. So schlugen wir uns hungrig bis zur Porta Nigra durch. Hier konnte mein Rudel seinen Hunger endlich stillen, und ich fand eine wohlverdiente Mütze Schlaf.

Mit dem »Römerexpreß« machten wir im Schneckentempo anschließend eine Stadtrundfahrt. Alles amüsierte sich über mich, weil ich jeden »armen Hund« aus dem offenen

»Römerexpreß« verbellte. Und das natürlich mit Leibeskräften! Bei mir kleinem Kerl mußte das wohl sehr belustigend ausgesehen haben, denn die Fahrgäste – meistens alles Engländer – amüsierten sich prächtig über mich. Ich glaube, von der Stadterklärung über Lautsprecher hatten sie gar nichts mehr mitbekommen. Alle Aufmerksamkeit galt nur noch mir. Und das in einer Stadt wie Trier!! Die Römer wären stolz auf mich gewesen!

Frauchen allerdings nicht, im Gegenteil, sie wäre am liebsten im Erdboden versunken. Obwohl sie die ganze Zeit wie eine Barbiepuppe gelächelt hatte. Ich gebe zu, ihr Gesicht sah ein bißchen verkrampft aus.

Nach der Stadtrundfahrt besichtigten wir die Sehenswürdigkeiten zu Fuß. Wir trafen Hunde in allen Größen, Formen und Farben. Das war ganz nach meinem Geschmack.

Das war heute ein langer, anstrengender Tag. Der Römerexpreß hat mir am besten gefallen, denn da konnte ich alle Hunde so richtig neidisch machen. Ich werde mich noch ein bißchen mit meiner Rosi beschäftigen und mich dann nach dem Gassi hinlegen. Vielleicht auf Frauchens Schlafanzug, der glitzert so schön.

Dienstag, den 30. September 1997

Viertel vor sieben war ich eilig mit Frauchen Gassi. Anschließend haben wir noch ein bißchen gekuschelt.

Nach dem Frühstück starteten wir wieder zu einer Entdeckungsreise. Zunächst fuhren wir nach Wittlich. Dort gab es eine sehr schöne Fußgängerzone mit herrlich restaurierten Häusern. Herrchen probierte in einem Jeansladen eine Jeans nach der anderen an, bis er nach einer Stunde endlich wußte, welche er kaufen wollte. Unsere verzweifelte Körpersprache – wir hüpften ungeduldig von einem Bein auf das andere – hat er die ganze Zeit cool ignoriert.

Weiter ging's nach Bitburg. In der Nähe sollte sich eine Ausgrabungsstätte befinden. Wie die Osterhasen suchten wir fast eine Stunde lang nach dieser Sehenswürdigkeit. Als wir sie endlich gefunden hatten, waren wir enttäuscht.

Zu Hause wanderte ich noch mit Herrchen und Frauchen eine Stunde lang durch die Weinberge.

Mittwoch, den 1. Oktober 1997

In der Nacht gab es viele Stimmen vor unserem Haus. Frauchen und ich schliefen ganz schlecht. Immer wieder wurde einer von uns durch die Geräusche geweckt.

Heute morgen fuhren wir nach Bernkastel, nachdem wir uns in Kues eine Weile verlaufen hatten. In Bernkastel flogen wieder alle Engländer auf mich. Ich wurde sogar zusammen mit Brunhilde gefilmt.

In Traben-Trabach traf ich eine hübsche Tshi Tzu Hündin mit einer gelben Schleife auf dem Köpfchen.

Es ist noch schön warm an der Mosel. Am Tage sind es sechsundzwanzig Grad und in der Nacht neunzehn Grad.

In Kröv hat es mit heute bestens gefallen. Ich bin mit Frauchen über eine große Wiese gerannt und habe das Gras abgeschnüffelt. Einige Leute lockten mich mit freundlichen Zurufen. Andere übersahen mich einfach. Wir nennen sie jetzt auch die »Unheimlichen«. Entweder haben sie Angst vor Hunden, oder sie finden Hunde überflüssig. In Traben-Trabach saßen uns zwei von ihnen beim Mittagessen gegenüber. Mit verachtenden Blicken schauten sie an mir vorbei. Kein Mensch der Welt darf einen Chihuahua wie Luft behandeln! Ich bin ein Sonnenschein! Ich bin wie ein Aurin (aus der »Unendlichen Geschichte«), der jedes strenge Gesicht plötzlich zum Lächeln verwandelt! Bei wem das nicht klappt, bei dem gibt es keine Freundlichkeit.

Nun, über dieses Thema habe ich ja bereits ausführlich geschrieben.

Um halb fünf Uhr waren wir wieder zu Hause. Frauchen versteckte meine Freundin Rosi Plüsch wegen meiner unendlichen sexy Gefühle im großen Kleiderschrank. Die Menschen sind ja bloß neidisch! Alles müssen sie einem gleich verbieten.

Abends trafen sich wieder die Erntehelfer vor unserem Haus. Meine Bewacherinstinkte wurden sofort geweckt. Frauchen schloß das Fenster, damit ich mich beruhigen konnte. Aber ich dachte nicht daran! So steckte mich Frauchen kurz entschlossen in die große Badewanne, natürlich ohne Wasser.

Jetzt wußte ich, daß ich etwas falsch gemacht habe. Ich zeigte mich gehorsam. Das hilft immer. Der Klügere gibt nach. Na ja, morgen ist auch noch ein Tag zum Bellen.

Donnerstag, den 2. Oktober 1997

Nach einer unruhigen Nacht fuhren wir heute zur Burg Pyrmont bei Cochem. Bei der Führung war ich leider nicht erwünscht. Wir trugen unsere Enttäuschung ins Gästebuch ein. Es gibt so viele freundliche Burgen und Schlösser, die mit mir kleinem Winzling gute Erfahrungen gemacht haben, aber leider fanden wir hier kein solches Privileg.

Anschließend waren wir auf der Burg Eltz. Sie ist sehr berühmt, das merkt man auch an den vielen Menschen, die hierherkommen. Am Parkplatz sagte man uns, daß Hunde hier erlaubt seien. Wir liefen ca. zehn Minuten bis zur Burg. Aber dort durfte ich nur bis zum Burghof mit hinein, an der Führung selbst konnte ich nicht teilnehmen. So mußte sich mein Rudel eben wieder teilen.

Brunhilde und Frauchen standen zuerst nach einer Führung an. Es ging nur schleppend vorwärts. Herrchen und ich warteten eine Stunde lang bis zur Ablösung. Dann war Herrchen an der Reihe. Inzwischen begleitete ich die Damen zum feudalen Mittagessen. Es gab Erbsensuppe. Sie schmeckte ihnen ausgezeichnet.

Dann warteten wir auf Herrchen. Wir schauten uns geduldig auf dem Burggelände um und vertraten uns die Beine. Endlich, mit Applaus begrüßten wir Herrchens Wiedererscheinung, was ihm sichtlich peinlich war.

Während sich Herrchen anschließend in Brunhildes Gesellschaft am Imbiß-Stand stärkte, lief ich mit Frauchen zum

Nein, jetzt gibt es keinen Wein mehr für Frauchen. Genug ist genug! Das Faß ist beschlagnahmt! Und zwar von mir!

Parkplatz. Vorher durfte ich sie noch auf die Damentoilette begleiten. Dabei riskierte ich einen gewagten Blick unter der offenen Wand hindurch zu den anderen Toilettenkabinen nebenan. Frauchen fand das nicht sehr anständig von mir. Na und, ich bin auch nur ein Mann! Aber leider war mein Frauchen gerade die einzige Dame, die weit und breit eine Toilette benutzte.

Nach zwanzig Minuten kamen auch Brunhilde und Herrchen zum Auto. Wir fuhren weiter nach Cochem. Hier wimmelte es nur so von Menschen. In den engen Gassen nahm mich Frauchen beschützend auf den Arm. Die herrliche Aussicht genoß ich in vollen Zügen. Sogar andere Hunde bellte ich diesmal nicht an, denn hier oben war es viel zu schön, um sich sinnlos über sie aufzuregen.

Am Abend besuchten wir unsere Gastgeber. Das dauerte länger als mein Rudel eingeplant hatte. Ehe sie sich versahen, fand eine kleine private Weinverkostung statt.

Auf dem Weg nach Hause hakte sich Frauchen gemütlich bei Herrchen unter, aber den torkelnden Gang konnte sie trotzdem nicht verbergen. Herrchen mußte ganz schön dagegenhalten, denn mit Alkohol im Blut ist Frauchen nicht nur sehr albern, sondern auch eine absolute Gefahr. Sie entwickelt plötzlich ungeahnte Kräfte, die man nicht unterschätzen darf! Frauchen genießt in solchen Momenten Herrchens peinliche Verkrampftheit, weil er sich ihretwegen in der Öffentlichkeit schämt. Herrchens Sorgen waren heute jedoch unbegründet, denn wir trafen in der Dunkelheit keine einzige Menschenseele.

Ich mag keinen Alkohol. Der Weg nach Hause ist für mein Rudel somit immer gesichert. Wenn sie mich nicht hätten! Frauchen meint, ich übertreibe.

Freitag, den 3. Oktober 1997

Pünktlich sieben Uhr weckte ich Frauchen. Heute morgen war es so kalt, daß es Frauchen leicht fröstelte. In der Eile hatte sie auch noch den Pulli verkehrt herum angezogen.

Hoffentlich treffen wir niemanden, dachte sie mit einer leichten Wut im Bauch.

Gerade als ich mein großes Geschäft erledigen wollte, wurde ich durch einen herannahenden Hund gestört. So mußte Frauchen ausgerechnet heute – leicht frierend und falsch herum angezogen – weiter mit mir in der Gegend umherirren, bis es endlich einmal klappte. Ich tat ihr aber nicht den Gefallen. Nichts passierte. Jedenfalls dauerte es eine ganze Weile.

Im Hausflur trafen wir dann zu allem Unglück unsere Gastgeberin Frau T. Auch das noch, dachte Frauchen. Das paßte. Frau T. suchte aber bloß ihre Katze. Da konnte ich sie beruhigen. Ich habe die Katze nicht gefressen. Weiß nicht mal ihren Namen. Vielleicht hat sie ein anderer gefressen.

Frauchen quälten derweilen immer noch die gleichen Sorgen: Hoffentlich merkte Frau T. nicht, daß sie ihren Pulli verkehrt herum trug. Was sollte sie bloß von Frauchen denken? Hach, wie peinlich! Also, mir ist war das völlig Wurscht.

Am Vormittag fuhren wir erneut nach Trier. Dort besuchten wir das Amphitheater. Dann gingen wir weiter zum Rheinischen Landesmuseum. Der Eintritt war frei. Aber kleine Hunde auf dem Arm waren trotzdem nicht erwünscht, obwohl heute Feiertag ist.

In fünfzehn Minuten hatte Frauchen alles besichtigt. Dann waren Brunhilde und Herrchen an der Reihe. Sie bekamen eine Stunde zugeteilt. Das mußte reichen.

Frauchen lief mit mir derweilen zum Hauptmarkt. Bei einem Imbiß kaufte sie sich ein zweites Frühstück, worüber sie vorher bei Herrchen Rechenschaft ablegen mußte, denn sie brauchte etwas Geld von ihm. Mehr und mehr kristallisierte sich das heraus, was sich heute Morgen bereits angebahnt hatte: Frauchen war mit dem linken Fuß aufgestanden. Sie reagierte nur noch sauer.

Am Domplatz fanden wir einen einigermaßen geruhsamen Ort für unser Frühstück. Frauchen war aber in gereizter Stimmung. Die vielen Sympathien gingen ihr heute auf die

Nerven. Jeder wollte von uns ein freundliches Interview, aber Frauchen wollte heute lieber eine Tarnkappe tragen.

Dann trafen wir uns wie verabredet vor dem Museum wieder. Herrchen bekam Frauchens Krise zu spüren. Einer mußte es ja schließlich abkriegen. Frauchen war in diesem Moment nichts peinlich. Brunhilde konnte ihren armen Sohn nur stillschweigend bedauern.

Trotz der gespannten Lage besuchten wir das Karl-Marx-Haus. Alle hofften, Frauchen würde hier vielleicht Hilfe für ihre Krise finden.

Ich durfte mit hinein. Das war schon mal erfreulich, auch für Frauchen. Genau diesen Freudenschimmer brauchte sie jetzt. Sie ärgert sich nämlich jedesmal darüber, wenn trotz meiner Zwergengröße Hundeverbote kleinlich geltend gemacht werden.

Im Museum gefiel es mir nicht besonders. Früher mußte Frauchen alles über diesen Karl Marx auswendig lernen, Definitionen, Lehren und Werke. Jetzt trieben sie die Erinnerungen hierher. Mir ist das alles zu kompliziert. Und außerdem, jetzt gibt es mich! Und dann kommt eine Weile gar nichts, basta!

Beim Videofilm war ich sehr gelangweilt. Dafür rannte Frauchen danach wenigstens im Eilschritt mit mir durch die Ausstellungsräume. Aber das Schönste war, Frauchens Krise war anschließend tatsächlich wie weggeblasen! Wie durch ein Wunder! Dieser Karl Marx scheint wirklich etwas von Krisen zu verstehen. Das kann ich nur bestätigen. Ich habe es selbst an meinem eigenen Frauchen erlebt!

Mit guter Laune gingen wir alle Mittag essen. Danach führte uns Frauchen zielgerichtet zum Parkplatz, weil sie den besten Orientierungssinn von uns allen hat, außer nach Weinverkostungen.

Nach einem kurzen Abstecher zu einer restaurierten römischen Villa kehrten wir nach Minheim zurück. Dort setzten wir Brunhilde in der Ferienwohnung ab, und ich lief mit Herrchen und Frauchen noch eine Weile in die Weinberge.

Die Sonne zeigte sich leider erst wieder, als wir zurückkamen.

In der ganzen Woche gab es keinen einzigen Regentropfen. Dafür aber viele Tropfen Moselweine.

Samstag, den 11. Oktober 1997

Wir sind wieder zu Hause. Das Wochenende ist genauso verregnet wie gestern schon der Freitag. Frauchens langer Donnerstag war dafür sonnig. Typisch. Fast scheint es so, als ob jemand absichtlich daran dreht.

Diese Woche haben wir einen anderen Bäcker ausprobiert. Weil ich nicht mir hinein durfte, wurde Frauchen aufgefordert, von der Ladentür aus ihre Wünsche bekanntzugeben. Wir kamen uns vor, als ob wir die Pest am Körper hätten. Schade nur, daß es noch keine Verbotsschilder für Fliegen gibt. Diese saßen nämlich in diesem Bäckerladen zu Hunderten auf dem Kuchen.

Wir kauften nur ein kleines Stück Quarkkuchen. Das taten wir aber nur, damit die Verkäuferin nicht dachte, wir wären eingeschnappt. Von dem Stück Kuchen haben wir keinen einzigen Bissen runtergekriegt.

Heute vormittag war Frauchen wieder einmal mit mir einkaufen. Der Weg zur Garage war sehr naß. Ich wollte am liebsten umkehren. Aber beim Golden Retriever wurde ich dann munter und vergaß den blöden Regen. Wutentbrannt erhob ich meine Stimme den ganzen Zaun entlang. Der Golden Retriever sagte wie immer keinen Ton. Den Weg zur Garage fand ich nun allein.

Bald prasselte es richtig laut auf unser Autodach. Den Regen werden wir wohl heute nicht mehr los. Zwei Mal rutschte ich Frauchen vom Beifahrersitz. Ihre Bremsen sind wirklich einsame Spitze! Dreimal durfte ich das Auto allein bewachen, während Frauchen Heidekraut für die Blumenkästen vor unserem Haus einkaufte.

An diesem Regentag mußte ich zu meiner Empörung mehrmals unter die Dusche. Da hatte es Herrchen besser. Er blieb

Tschüssi! Euer Gismo, genannt Puschel, Dulli, Knorpel, Stubs, Strubs, Gieselchen, Genießer, Ratte, alter Räuber, Schlawiner…

zu Hause und klopfte im Gästezimmer die Wände heraus. Solange er damit beschäftigt ist, brauchen wir eigentlich gar kein schönes Wetter. Denn mit Herrchen machen Wochenendwanderungen viel mehr Spaß. Mein Frauchen denkt genauso.

Montag, den 20. Oktober 1997

Heute habe ich Geburtstag. Ich werde zwei Hundejahre alt. Das sind umgerechnet vierundzwanzig Menschenjahre.

Leider war das Wetter heute eher etwas für Selbstmörder, sagte Frauchen. Keine Angst, sie meint das nur allgemein. Wir gingen zusammen einkaufen, und ich wurde wieder auf Schritt und Tritt bewundert. Ich erhielt sogar jede Menge Glückwünsche.

Nachmittags spielten wir eine schöne lange Runde »Plüschtiere werfen«.

Bei meinem letzten Gassi am heutigen Abend fanden wir zufällig auf dem Marktplatz Herrchens Dienstauto, Felix Nr. sieben. Herrchen kommt heute erst später nach Hause, weil er dienstlich mit einem französischen Kollegen unterwegs ist.

Frauchen klemmte unter die Scheibenwischer eine geheime Mitteilung, so daß es wie ein echter Strafzettel aussah, nur intimer. Frauchen war ganz aufgeregt und fühlte sich in ihre Teenagerzeit zurückversetzt, so richtig mit Herzklopfen. Dann erklärte sie mir fast wie eine Lehrerin in der Schule, was diese geheimnisvollen Zeilen zu bedeuten hatten: »Hör gut zu, Gismo! Das ist ein Zeichen gegen den tristen Ehealltag, weil das sonst nur Verliebte tun.« Was allerdings genau auf diesem Zettel stand, das hat sie mir nicht verraten. Sag ich doch, wie bei einer richtigen Lehrerin!

Aber ich kann mir schon denken, was Frauchen da für Herrchen aufgeschrieben hat. Es mußte ungefähr das Gleiche sein, was mir jetzt auch ganz spontan dazu einfällt: »Ich habe euch alle ganz lieb! So, als ob unsere Herzen auf einer gemeinsamen großen Welle schweben.«

Ja, g-e-n-a-u-s-o muß es sein. Ich fühle das. Fühlt ihr das auch? (Mein Frauchen hat genickt.)

Damit beende ich mein erstes Tagebuch. Ein Jahr lang habe ich die wichtigsten Hundeerlebnisse aus meiner Sicht aufgeschrieben. Man erlebt bei den Menschen eine ganze Menge.

Ich arbeite längst an einer Fortsetzung. Wenn ihr Lust habt, könnt ihr selbstverständlich wieder dabei sein. Mindestens fünfzehn Bände habe ich mir vorgenommen! So alt kann ich nämlich gut und gerne werden.

Ach ja, und nicht vergessen, mein Tagebuch ist »top secret«! Pscht! Lest also ganz leise! Noch leiser! Immer noch zu laut! L-E-I-S-E ! Ja, so ist es besser.